报告
文学

美丽赤化

马晓蓉 著

经济日报出版社

图书在版编目（CIP）数据

美丽赤化 / 马晓蓉著. -- 北京：经济日报出版社，
2021.8
ISBN 978-7-5196-0920-7

Ⅰ.①美… Ⅱ.①马… Ⅲ.①乡镇-概况-广元
Ⅳ.①K927.15

中国版本图书馆 CIP 数据核字（2021）第 173330 号

美丽赤化

作　　者	马晓蓉
责任编辑	王　含
责任校对	蒋　佳
出版发行	经济日报出版社
地　　址	北京市西城区白纸坊东街 2 号（邮政编码：100054）
电　　话	010-63567684（总编室）
	010-63584556　63567691（财经编辑部）
	010-63567687（企业与企业家史编辑部）
	010-63567683（经济与管理学术编辑部）
	010-63538621　63567692（发行部）
网　　址	www.edpbook.com.cn
E - mail	edpbook@126.com
经　　销	全国新华书店
印　　刷	成都兴怡包装装潢有限公司
开　　本	880mm×1230mm　1/32
印　　张	8.75
字　　数	200 千字
版　　次	2021 年 12 月第一版
印　　次	2022 年 1 月第一次印刷
书　　号	ISBN 978-7-5196-0920-7
定　　价	68.00 元

谨以此书

献给中国共产党成立 100 周年

序
村镇史的新时代书写

蒋 蓝

中国人知道英国作家吉尔伯特·怀特，知道他的《塞耳彭自然史》，大致都是来自作家周作人。他在《夜读抄》里，盛赞这部18世纪的博物之书。该书是书信体，包括致托马斯·本南德先生的书简和致丹尼斯·巴林顿阁下的书简两部分。格兰特·艾伦在导言中这样介绍作者："小吉尔伯特·怀特于1720年7月18日生于塞耳彭教区。他死于1793年，这73年的一生，跨越了18世纪的大部分，或3位乔治国王统治的时代。便是现在，塞耳彭也是一个偏远的村落，离铁路很远；而当时的地僻路遥，舟车难至，却又甚于今天。"学业完成后，怀特一生的大部分时间在家乡度过。吉尔伯特·怀特虽然生平简略，死后却留下了一部让世人至今都爱读不厌的博物学著作，就连他的老家——寂寂无名的塞耳彭，也成为了世界各地爱好者的朝圣之地。

在我看来，《塞耳彭自然史》不仅是较早的博物学名著，也是一部文笔优美、流传不衰的村镇文化史。鉴于中国的村镇历史有很强的延续性，国内近年各地组织力量，编写出版了众多的村镇志，为梳理乡村的自然地理和人文地理做出了积极贡献，通过其严谨的体例，比如述、记、志、传、图、表、杂录等等，展示了时代进程在一个村镇的每一次转身。其实，村镇志属于"小志"，这也决定了它要重视对细微之处的发掘，将乡村多姿多彩的生活呈现出来。有些村镇志之所以不吸引人，就在于编纂者没有抓住村镇志属"小志"这一抓手，而是把村镇志当成县志、市志来写，那样就使村镇志的史料价值大打折扣。而且，对于日益千里的时代发展而言，志书总是"滞后"的，更难以及时反映打造乡村振兴红色引擎、展现新时代乡村活力的崭新面貌。

伴随时代的发展以及读者要求的变化，我们需要一种把以往村镇志与现实考察进行深度结合的新文体，及时反映新时代发展中的乡村新气象，讲述新的中国故事，记录饱满生动的人物形象，描绘出川北革命老区在时代变革中的宏伟乡村画面，为未来的历史留下我们在这个时代的经验、情感与精神。在这个时代背景的需求下，作家马晓蓉的《美丽赤化》应运而生。

赤化镇位于位于广元市逶迤的清江河尽头、利州区西南部，辖区面积56.39平方千米，辖8个行政村和2个社区，人口共1.3万余人，地理环境优越，是"三江新区"建设的核心区域。在这一片群山环抱、绿树成林的区域，地势平坦，土地肥沃，以前人们亲切地叫它白田坝。它后来改名为"赤化"，还有一段红色传奇。1935年红四方面军长征途中路过此地，在此驻扎近1个月时间，并建立红色政权"赤化苏维埃政府"，留下大量的标语、石刻，故改名为"赤化"。1935年4月10日，红四方面军在昭化境内的白田坝建置赤化县苏维埃政权。这个时期，广元苏区扩大到剑阁、昭化、青川等地，建立了普安县（剑阁老县城）、金仙县（剑阁金仙镇）、赤化县（剑阁鹤龄镇：赤化县旧址）、赤化县（利州区白田坝）、赤水县（青川青溪镇）等5个县级苏维埃政权，使广元苏区县级苏维埃政权累计达到10个。

在川北众多的红色景观里，这里更是全国唯一使用"赤化"作为地名并使用至今的地方。红色的土地养育了一地风物，更孕育了众多影响深远的"赤化故事"。

作家马晓蓉在3年多时间里，多次深入考察了赤化镇所辖的8村2社区和众多村小组，既描述了每一个村庄的独特历史与现状、发展格局，又忠实记录了一个作家的所见所闻。在她笔下，赤化镇的文物古迹、名木古树、逸闻传说、传统技艺等给人留下了较深印象。本书特别收集了富有川北地域特色、生态文化特色和集体记忆的文化遗产，具体包括乡土建筑、街区遗产、农业遗产、农业生产劳作工艺、服饰、民间风俗礼仪、节庆习俗等方面的内容，这对我们实现对乡村文化遗产的保护和振兴乡村战略将起到积极借鉴作用。

在她采访的对象里，既有年迈的老人，也有乡村致富能手、医生、教师、妇委会主任和脱贫攻坚的带头人，更有驻村的第一书记们忙碌而殚精竭虑的身影……充分书写了赤化镇在市委、区委关怀下，系统谋局、坚持点上示范与面上均衡并重，并以乡村项目建设为抓手，实现资源、资金、资产要素的聚合，将生产、生活、生态予以深度融合，积极打造乡村振兴、绘就"三农"世界的丰富故事。比如，赤化镇的现代农业园区的建设经验和做法，得到省、市、区各级领导充分认可和高度评价，成为"全省一流，全市首位"新社区综合典范和广元市农村产权改革、城乡户籍一体化改革示范乡镇，为统筹推进城乡一体化发展和加快农村新社区建设积累了宝贵的经验。

我认为，《美丽赤化》恰是这片红色土地向中国共产党成立100周年的献礼之作。

在人类遗存中，村镇是大地上最具有生命的聚落，或生长或迁徙，都是在为生存作证。而近年来赤化镇翻天覆地的可喜变化，也是全民奔小康的生动写照。我相信，《美丽赤化》一书的出版，既可以让广大读者知道赤化是"望得见山，看得见水，记得住乡愁"的美丽山村，也是新时代中国乡村人们安居乐业奔小康、保持优良家风家训的一个缩影。正所谓"乡音亘古今，乡愁暖人心；走遍天涯路，最是乡情深。"

2021 年 3 月 11 日

作者简介：中国作家协会会员，中国作家协会散文委员会委员，四川省作协散文委员会主任，四川省诗歌学会常务副会长，成都市作协常务副主席。

目 录
CONTENTS

第一章 赤化：
镌刻在历史天空的闪闪红星

　　剑门关峻岭横空，明月峡幽深宏阔。也许是造物主眷顾，自盘古开天辟地以来，广元这片热土以其4000多年的悠久历史，扼巴蜀咽喉，踞川北险地，写就了无数彪炳史册的人文传奇，造就了许多巍峨奇险的自然景观，巍巍然人称"巴蜀金三角"。漫步广元，无数的人间奇迹让你身心震撼，无论是一代女皇武则天，还是古朴温情的昭化古城，又或者是那享誉海外的"广元女儿节""妇女游河湾"的独特人文景观……无一不在述说着这"川北门户"的独特魅力。

　　然而，在所有这些景观中，唯一独步于整个川北甚至全省的，仍是赤化镇！

　　赤化，位于悠悠的清江河畔。

清江河如一条长龙，从摩天岭南麓出来，穿过龙门山北端，一脉碧波由西北向东南，浩浩荡荡地流经唐家河国家级自然保护区、青溪镇、桥楼乡、曲河乡、前进乡、关庄镇、凉水镇、七佛乡、马鹿乡，到竹园镇汇入黄沙河，再经宝轮镇注入白龙江，在广元境内全长154公里。

　　在清江河的尽头，有一片群山环抱的黑土地，它地势平坦，土地肥沃，春种一粒粟，秋收万颗子，人们亲切地叫它——白田坝。这就是赤化最初的名字。

　　从白田坝到赤化，历史的天空闪耀着一颗颗红星。这些红星，不知疲倦地给我们讲述着那撼天动地的红色情怀，讲述着赤化这个名字所蕴含的悲壮往事：

　　1935年初，红31军为了围剿国民党军队，从苍溪行军到老昭化绕牛头山到大朝，上二郎山、走沙坝，从剑门关背后再到白田坝驻军。徐向前元帅的指挥部设在了赤化街场头的南华宫。

　　英勇的红军一进驻白田坝，就展开了轰轰烈烈的革命斗争，建立起了苏维埃政权。苏维埃政权的建立时间虽只有短短28天，但和其他县的苏维埃政权一样，进行了基层政权建设、武装斗争和打土豪分田地运动，共建立县、区、乡、村四级苏维埃组织78个。其中，县苏1个、区苏2个、乡苏16个、村苏59个。苏区面积达1504平方公里。培育各级苏维埃干部383人。其中：县级5人，区级11人，乡级118人，村级245人。成立了赤化县游击大队、赤卫队、少先队和儿童团等自卫武装组织。同时积极组织动员群众参军扩红，有784人参加红军。

1962年，为纪念红军在此建立赤化县苏维埃，白田坝被上级部门更名为赤化乡。

红军的英魂护佑着这片红色的土地。从白田坝到赤化乡，再到赤化镇，历史发生了崭新的飞跃！赤化镇人民有了历届党委政府做他们坚强后盾，他们撸起袖子加油干：耕田种地收粮，经商修房办厂，环保护林养猪。短短几十年时间，山涧田野稻谷飘香，房前屋后鸡鸭成群。进入新时代以后，赤化镇和祖国一起，大踏步地飞跃发展：

近年来，随着精准扶贫扎实推进，赤化镇3个贫困村（即冯家村、张公村、雷家村）已提前于2017年相继退出贫困村序列。今天的赤化镇，交通发达，住户密集，商户如织，街头巷尾，热闹非凡。宝成铁路复线、成绵广高速公路和108国道横贯全境，距广元市区16公里，剑阁县城5公里，剑门关16公里，白龙湖5公里，昭化古城10公里。公共配套设施样样俱全。有占地1100平方米、容纳100个病床的中西医结合医院；有占地1.6公顷、容纳学生600人的综合学校；有占地8000平方米的文化广场。广场内外，舞步旋转，歌声飘扬。派出所、信用社、农电站、移动电信、邮电代办处、自来水公司等部门和单位落户赤化，老百姓办事既方便又快捷。

赤化镇的交通四通八达。108 国道线盘绕清江河，畅达 3 省。一路向西，15 分钟抵达剑门关。一路向东，三五分钟便到宝轮镇，跨过一座大桥，一溜烟就进市区。宝成复线、西成高铁、京昆高速 G5 穿山过洞，畅游于赤化的山脊之中。

　　交通的发达，落户赤化镇的企业也越来越多。仅年产值上亿的企业就有两家，年产值上千万的中型企业有 12 家，各种种养殖企业户数更是多得难以计算。

　　赤化还是赤化，但已经不是原来的赤化。辖区面积虽然不大——只有 59 平方公里，但人口达 1.3 万余人，森林覆盖率为80%。人均耕地面积虽少——只有 0.6 亩，但土地厚实，家家户户存粮无数。车流虽密集，但空气质量全年为优，人均寿命达87 岁。

　　今天，赤化镇的苏维埃旧址里，红军所留存的物件依然闪耀着历史的光辉，遗留下的诸多红色文物，依然讲述着鲜活的红色记忆。如清江村曹家祠堂的红 31 军医院，清江村村口的红军井，清江村的红军树，清江村的红军墓等。其中，令人印象最深的，是红军錾刻的 19 条永久性标语。在这些标语中，"坚决赤化陕甘川"显得与众不同，具有特殊意义和深刻内涵，是赤化县苏维埃留下的一件重要红色文物，更是鼓动人们不断前进的精神动力！

第二章　泥窝社区

　　泥窝社区坐落在云台北麓山脚下和清竹江南侧，是全省知名的幸福美丽新村。田园风光如诗如画，亭台楼阁曲径通幽。溪水清清、竹林幽幽。小桥流水，古韵新居。浓郁的传统文化和淳朴的乡村民风，呈现出一派"业兴、家富、人和、村美"的繁荣景象，是远离都市的喧嚣、放松心灵、回归自然、感悟生命真谛、服务市民休闲旅游、生态康养的理想之地，是三江新区新兴经济增长腹心区，成绵高速公路、108 国道和西成客运专线贯穿全境，距广元市区 30 公里，剑阁县城 10 公里，剑门关 16 公里，白龙湖 12 公里，昭化古城 15 公里，辖区面积 5.8 平方公里，其中农业用地面积 580 亩，有 324 户人家，1176 口人，森林覆盖率达 90%以上。自 2013 年 3 月以来，该村按照"现代农业产业基地景区化建设"的要求，以现代农业园区建设为载体，特色产业为基础，创意农业为手段，农耕文化农旅文化为灵魂，通过基础设施、主导产业、新农村、公共服务和社会管理综合建设，将泥窝村打造成了全省"率先城乡一体化、率先全面小康"的现代田园新社区。

泥窝社区班子成员：

第一书记：杨永昌

主　　任：罗发应

副书记：罗开俊

副主任：吕明元

文　　书：王天福

走进泥窝

我是在一个雪花飞舞的冬日开车走进泥窝社区进行探访的。跨过大桥，绕过盘山旋转的柏油公路，进入泥窝社区。雪花下的泥窝，银装素裹，白茫茫的一片。远远望去，竹林中的小桥，在雪花的点缀下若隐若现，宛如情人相会的七夕鹊桥，温情又浪漫。小桥边，旋转的水车载着点点雪花在空中旋转，仿佛要将飘零的雪花卷入童话一般。层层叠叠的蔬菜地里，粒粒大白菜在雪花的掩盖下裹紧了身体，就像威武雄壮的战士，整整齐齐地列装待发。一栋栋小洋楼，由下而上，错落有致地分布在倾斜的山坡上，就像贴在画布上的雪山归隐图一般，让人晃若穿越时空，进入诗画梦境。

一

在泥窝社区办公室，我见到了第一书记杨凡和文书王天福，他们为我讲述了老书记雷丕秀是怎样把一个人人害怕的后进村，一步步改变成了今天人人都羡慕的先进社区。

一说起泥窝，杨凡和王天福就打开了话题。是呀，泥窝村的后进历史，还得从 2002 年前说起。

泥窝村曾连续 6 年被评为后进村。那时的泥窝，是真正的泥涡。贫穷落后，老百姓住房破旧老化，家庭经济衰败颓废，生活水平很低。首先是领导班子涣散，没有主心骨的老百姓是整天怨声载道，抱怨连天。再就是邻里之间不和气，常常为一丁点小事闹得不可开交，打架斗殴现象时有发生。还有就是交通不便，信息闭塞，老百姓目光短浅，无法跳出禁锢的小世界。

学校也是破旧不堪，老师纪律松散，教学次序一团糟。

这样混乱的局面让很多人为之唉声叹气，避而远之。认为泥窝村就像一潭死水，又脏又臭，无药可救。

而泥窝的这种局面，被一个人用 10 年时间彻底颠覆，一跃成为全国先进村（2009 年 1 月被中央精神文明建设指导委员会办公室评为"第四届全国创建文明村镇工作先进镇"。2015 年 4 月 21 日被中共广元市利州区赤化镇委员会评为 2014 年现代农业园区建设工作先进集体。2009 年 12 月被四川省精神文明建设办公室评为"四川省省级文明单位（村）"）。

是谁让这个人人害怕的后进泥窝村改天换地，成为今天人人羡慕的先进村？这个人不是别人，他就是已经 80 多岁的老支书雷丕秀。

二

2003 年初，雷丕秀从利州区宝轮水电农机站退休回村，成为一名居家退休干部。退休后的雷丕秀没有留在城里享福，而是回到了他的家乡，回到了生他养他的那片土地——泥窝村。回到家乡的雷丕秀看见乱得一团糟的家乡，他心里非常着急。

此生不长，余生还在。

他默默发誓，要用自己的余生为乡亲们做事情，继续坚守一名老党员、老干部的初心和使命。

雷丕秀找到区委区政府领导，向领导要"官"当，要求担任泥窝村的村支书。区委区政府领导对一名老党员、老干部的热情没有拒绝的理由，同时也对泥窝现状感到焦急，觉得整治这个烂摊子，让老党员去试试，也许还有希望。

就这样，2002年一开年，雷丕秀带着满腔热情，走马上任当上了泥窝村村党支部书记。从那一天开始，雷丕秀就立下誓言，把余生交给了泥窝村的土地和百姓。

有了敢于担当的带头人，这给老百姓吃了一颗定心丸。

雷丕秀做的第一件事，就是将破旧的村委会进行打扫清理后，来到赤化镇党委政府领导汇报工作进展情况，运回了一些桌椅板凳摆放在刚刚打扫出来的办公室。这样一来，整理出来的村委会办公室让干部们有了落脚点和办公之地，同时也标志着基层组织将正式运转，履行职责。

村干部们有了家，有了办公场所，接下来他要做的第二件事是开展工作。作为一名为党工作多年的老党员深知：在基层做老百姓的工作，只有发挥党员先锋能动作用，党员带头做事，才能争取到村民们的支持，工作才会顺利开展和推进。于是他决定召开党员动员大会，号召党员干部以身作则，率先垂范，带好头，为泥窝发展做事。

但在与干部们的交流中他发现，由于基层党组织建设松散多年，无组织无纪律的党员干部们对党的方针政策缺乏了解，这就导致了党员干部与群众之间出现了交流障碍，党员干部与群众之间就产生了隔阂，相互误解，工作很难开展下去。雷丕秀觉得，要想全面消除党员和群众之间的隔阂，就要熟悉党的各项方针政策，全面领会党的执政纲领。为了不耽误大家搞生产劳动，雷丕秀就想办法利用晚上休息时间，对党员干部进行学习培训，一方面要学员干部熟悉领会党的政策纲领，重温入党誓词，坚定信念跟党走，发扬党的优良传统和作风，树立全心全意为村民服务的工作理念。一方面引导党员干部不能只看到过去的问题，面对现实，要求党员干部带头行动起来，为群众带好头，开好端。通过一段时间培训学习，逐渐提高党员干部们的思想觉悟和政治觉悟。经过对党的方针政策和执政纲领进行系统全面学习后，党员干部们的思想觉悟有了很大提高，激发了工作热情，树立了工作信心。

雷丕秀深知，光让党员干部吃透党的方针政策和执政纲领是不行的，还得要让老百姓也做一个明白人。是呀，包产到户多年，老百姓习惯了各家干各家的事情，开会不到场，学习不参加。怎么办？雷丕秀又出新招：安排党员干部下沉到老百姓中去，走村串户，挨家挨户宣讲党的政策，让党的政策深入人心。党员干部们的努力没有白费，经过一段时间政策宣讲工作，村民们对政策了解了，与党员干部交流顺畅了，相互之间搭建起了相互理解、相互信任的桥梁。

三

做完这件事，他将眼光投向了破败混乱的学校。

是呀，学校是孩子们成长的摇篮。而老师是孩子们心灵的导师，是知识的传播者和引领者，是该将学校重新整理一下的时候了。雷丕秀来到区委区政府，向领导申请解决了 2 万元的建校资金，为老师们修建了教师宿舍，为老师们解决了住房问题，老师们再也不用早上来学校，下午放学后又匆匆忙忙往家赶，不停地奔波于学校与家之间，影响教学工作。

学校有了安身之地的老师们没有了后顾之忧，全身心投入到了教学工作中，教学质量也因此大大提高，教学工作很快走到了全区教学前列，成为利州区教学先进典范。孩子们的学习成绩也是芝麻开花节节高，学生失学率与学生流逝率大大降低。家长、学生、学校、老师相互之间搭建起了一座信任的桥梁，一根情感链接的纽带，学生人数也是逐年上升，教室里书声琅琅，操场上歌声飞扬，一片朝气蓬勃新景象。

筑路之梦

梦想不是喊出来的，是干出来的。

一

雷丕秀非常清楚，泥窝这种局面，完全是因为长期以来，道路交通阻隔，信息不畅，村民与外界联系困难，产品运不出去，经济发展举步维艰，村民收入少，造成人穷志短的恶性循环。要想摘掉贫穷落后的帽子，让村民们和谐相处，邻里之间相互谦让过日子，就要先打通与外界联系的通道，把经济建设搞上去，让老百姓的腰包鼓起来。雷丕秀决定，发扬愚公精神，开山辟路，打开通道，为泥窝人凿出一条幸福之路。

打开通道，开山修路，谈何容易，资金就是一大难题。如何解决资金问题？怎么办？但看见让老百姓苦不堪言的泥巴路，晴天一身灰，雨天一身泥，辛辛苦苦一年到头，种出来的蔬菜瓜果运不出去，变不成现钱，将泥巴路变成水泥路是泥窝人一直以来的梦想。为了梦想，再难也要走下去。

二

做梦容易圆梦难！

雷丕秀争取资金的第一站是走进了区扶贫开发办，在这里争取到资金8万元。回到村上，他又想办法动员村民以工代征筹集资金 16 万元，再动员村干部以个人名义贷款 7 万多元。雷丕秀看着千方百筹集到的 31 万元资金，脸上露出了开心的笑容。恍然间，他眼前似乎有一条通天大道，从山沟蜿蜒而出，直奔梦想。

梦想，让泥窝人热情澎湃，兴致高昂。

他清楚地记得，开工那天正好是 2006 年的正月初八，泥窝村村民举家上阵，修路现场是人山人海，那激动人心的场面让他仿佛回到了 20 世纪 70 年代初，生产队集体出工劳动的场景。但也是从开工的这一天开始，筑路工地上，每天都能看见雷丕秀忙碌而疲惫的身影。泥窝村的老百姓看见 60 多岁的老支书不为名，不为利，还经常主动掏腰包，将自己仅有的一点退休工资都补贴到修路上。他们是看在眼里、记在心上，于是自觉形成了人人主动出工、户户参加修路的新局面。村民们不知疲惫地修路，老书记没日没夜地奔忙，修路工程从春天到夏天，又从夏天到冬天，水泥、沙子、各种材料的巨大消耗，让筹备的 31 万元资金很快就用光了，工程不得不停下来。

怎么办？

雷丕秀又开始踏上了寻找资金的道路。他厚着脸皮找到了老朋友、市农业局局长赵洪培，请求老朋友帮忙，看能否解决一些资金，支持泥窝村将剩下的路修完。赵洪培被老朋友这种一心一意修路为村民做事的举动所感动，他很想帮助老朋友，但单位又实在是无能为力，拿不出资金。怎么办呢？赵洪培想办法在市农业局组织了一次捐款活动，筹集资金 1 万元左右，支持老朋友修路。

拿着满含情感温度的资金，在修路的工地上，老支书老泪纵横，泣不成声地对在场的老百姓说："我真的非常内疚，农业局的干部们跟我们有什么关系？为什么要给我们捐款？你们看，有那么多的陌生人都在无条件地帮助我们，我们还有什么理由不为改变自己的命运，造福子孙后代而努力修路呢？"

老书记扎根基层，坚守初心，脱贫修路担使命的伟大壮举感动的不仅仅是百姓和农业局的领导干部，还感动了区委区政府各大班子领导，在最关键的时刻，在需要援助的时候，区委区政府伸出了力量之手，通过政策扶持解决了一部分修路资金。

在区委区政府的大力支持下，在泥窝村百姓的共同努力下，泥窝村的公路终于在 2014 年年初建成通车。

放飞梦想

弯弯曲曲的公路，打开了泥窝村与外界联系的通道，村民开始主动发展产业。据不完全统计，当年就有 20 多户村民养了长毛兔，还有村民一次性就种植 200 余亩梨树和近百亩核桃树。

老支书看在眼里，喜在眉梢。

过上好日子的泥窝人对生活又有了新的要求。废物利用，建造沼气池 200 余口。改善人居环境卫生，向政府争取绿色长廊工程。美化形象工程，打造 4 队和 5 队 100 多户的民居住宿风貌，外墙刮白，房顶座脊。通过对住房外围美化塑造，让泥窝村的村容村貌焕然一新。

党员干部通过几年的政策学习，村里的各个项目落实实施，乡村公路建成通车，村民与外界联系沟通的时间增加，经济建设搞上去了，村民们的腰包鼓起来了，生活好了，思想开通了，思想觉悟也逐步提升，打架斗殴的情况明显减少，小偷小摸情况没有了，大家相互较劲，埋头搞自己的生产发展。

随着时间推移，政府对种养殖业户扶持力度加大。从 2003 年开始，区农业局每年都开始对村民进行农业种植、科学种养培训。有了专业技术人员指导，村民们掌握了种养技术，瓜果蔬菜产量提高，牲畜家禽出栏率上升，收入利润增加，村民们的生活也越过越好。看见泥窝村一天一个样，大家打心眼里高兴。据说，市委书记到雷家村过组织生活说了一句话："你能当好一个党委书记，但不一定能当好村支部书记，村上的事情千头万绪，泥窝村的村书记就是大家学习的好榜样。"

在泥窝当村书记这些年里，雷丕秀用他的实际行动，赢得了村民们的信任和尊重。

2004 年，四川省救灾办范主任组织各地市州代表到泥窝召开现场会，看见泥窝的变化，看见雷丕秀为村民所做的一切，非常感动。后来雷丕秀到省救灾办给范主任汇报工作的时候，范主任特意请他吃饭，还专程将自己的女儿叫上陪他吃饭，现场教育女儿说："你看你们一天到晚不好好搞工作，只知道享受生活，你看人家雷大爷快 70 岁的人了，还在搞工作，他没有一天到晚讲享受，还在继续发挥余热，为社会做贡献。"

随着国家好政策进一步落地生根，泥窝人的日子过得越来越好。

2006 年到 2007 年"三建四改"，庭院建设，硬化院坝，改厨改厕，周围环境的改变，卫生状况的加强，新增 270 多户沼气建设，基本达到 30% 的老百姓家庭中都有两口沼气。安装了电信座机，解决了通信问题。

随着基础设施的不断改善，搞种养殖发展的户数越来越多。规模也逐步扩大。比如，泥窝人文朝生就养了 300 多头猪。

泥窝的变化发展是一天一个样。

2008 年，原来未建房的有 133 户，现在又全部重新建了房。将经济薄弱的老百姓的房屋都整体建好了，政府对老百姓的房屋又重新进行了风貌塑造。泥窝不再是人人都害怕头痛的泥涡，而是名副其实的美丽新农村。

2008 年"5·12"汶川大地震，雷丕秀第一时间到每个生产队去检查灾情，看望孤寡老人，组织村干部领救灾物资发放到老百姓手中，第一时间搭建地震棚，陈玉华、王正财等老人拉着雷书记的手都笑了。

因为担心余震，雷丕秀带领村干部每夜巡查，督促大家到地震棚里住，减少危险。救灾物资到手后，又开始紧锣密鼓地开始建新拆旧工作。由于2008年底引进浙江商人建设了一个砖厂，在灾后重建的过程中确保老百姓用上平价砖。在整个灾后重建市场上重建砖是6毛钱一匹，而泥窝老百姓的用砖价格比市场底一半，仅是3毛钱左右一匹，让老百姓灾后房屋重建成本大大降低。

美丽新生活

焕发出新生命的泥窝，更加生机勃勃，继续甩开步子，大踏步向前迈进。

2009年1月，泥窝村被中央精神文明建设指导委员会办公室评为"第四届全国创建文明村镇工作先进村镇"。

2010年，泥窝村继续巩固灾后重建成果，环境综合治理，新建户入户路建设，三建四改，改水、改厕、改厨。

2011年到2012年退耕还林口粮建设，对渠系、堡坎和生产道的整治。扎堡坎，建设生产水池，硬化生产道路，土地整治、提高生产质量，防止水土流失，确保果树挂果。

2013 年到 2017 年，根据利州区统一规划进行新农村建设，泥窝村对民居进行多种风貌打造。有的贴砖，有的将房屋打造成为欧式建筑，民居风貌提升 300 多户。通过土地流转建设，金银花种植基地 300 余亩，金银花年收入达到 70 万到 80 万元，提升了土地利用价值。建设苍平园三处共计 250 亩，年收入达到 40 多万元。联动大棚蔬菜 80 多亩，解决了老百姓就地务工难问题。新增棚灌面积 30 多亩，升温，洒水，育苗，为全村提供蔬菜苗棚，支持村民搞好经济建设，增加收入。新建广场 3 处，共计 400 多平方米，为村民提供休闲娱乐场所。建可容纳 40 辆车的停车场一个，共计 400 多平方米，完善旅游配套设施。植物园占地 100 亩，新建观景平台两处、亭子 4 个，渠系建设 4000 多米。土地整治 200 多亩，做堡坎 1000 余立方，增加观光旅游项目。加强阵地建设，公共服务卫生建设，成立了服务室、医疗卫生站、村民调解室、物资储备室、网格室、劳动保障便民服务室、图书室、会议室、广播站、警务室、法律咨询室。同时，建立了村规民约，让村民相互之间有一定约束，加强精神文明建设。进一步规范制度建设，建立相关制度，实行民主集中制，更加便于管理，把权力关在制度的笼子里。形成相互监督、相互制约科学管理体制。

2013 年，建立城乡统筹发展新机制，构建现代化城乡新形态，形成城乡发展新格局，市区一体，联合共建，统筹推进现代化农业园区综合建设。

泥窝天翻地覆的变化吸引了市内外的游客，每年3月就有近10万人到此踏青赏花，游客的车辆从泥窝大桥拉长到宝轮镇石桥村，长龙一般的车子停了近5公里长。

2014年，精准扶贫战役打响后，泥窝村通过召开会议，本人申请评议，共计识别精准贫困户21户、62人。为其申请了精准扶贫项目，每户产业扶持达到6000余元，危房改造9户，每户补贴1.3万元；异地搬迁2户，每人每户补助2.5万元；危庭院建设17户，每户700元。医疗保险、养老保险等纳入财政补贴，每户规划了固定产业发展项目，政策保底9户。通过精准帮扶，2017年，21户贫困户全部顺利脱贫，至今无一人返贫。根据脱贫不脱帽政策规定，现在继续享受优惠补贴政策。

通过各级党委政府的大力扶持，大力建设，老百姓实现了年人均收入11400元，得到各界人士认可。几年来，泥窝分别接待了日本考察团、巴基斯坦考察团、中非考察团以及北京市、广东等地考察团和来自世界各国代表团、国内各省市考察团代表达到近4万人次。

2017年6月，亚洲低碳论坛在泥窝召开。

2017年，成立老年人日间照料中心，厨房、厕所、卧室、娱乐室一应俱全。

2018 年，康泰农业合作社由于蔬菜发展不是很理想，经营不善，效益差。鉴于这种情况，村"两委"讨论怎么办，最后讨论一致决定发展花卉旅游产业园，成立了"广元市花仙子园艺有限公司"，共占地 200 多亩，各类花卉近千种，步行廊道 400 余米，透水砖游步道 2000 米，悬空游步道 500 多米，观景平台一处 400 多平方米，停车场一个 400 多平方米，假山鱼池 300 多平方米，名贵树木 100 棵，花仙子雕塑 1 个。

目前泥窝有养猪大户杨学贵，养牛大户安中贵，养鸡大户张贵银和催显文，蔬菜大户文朝生。

展望未来，泥窝明天更美好。

第三章　司马村

司马村（原名司马口）位于赤化镇东南边山脚之下，与赤化镇（白田坝）隔河相望，背靠清江村，和泥窝社区紧密相连。司马村地理位置优越，交通方便，自然环境优美，土地肥沃厚实，村民拥有勤劳朴实的生活本色。司马村人生活条件相对于其他自然村来说要好一些，因此不属于贫困村范畴。现在司马村已合并到泥窝社区，但我还是将原村委会班子成员名单记录下来，以备后人查阅。

司马村"两委"成员名单：

村支书：罗开俊

村主任：罗发应

文书：张丽亚

廉勤委主任：王礼文

村委委员、一组组长：张青云

支委委员、二组组长：罗开元

四组组长：吕岳武

五组组长：郑兴全

发展之路

碧波荡漾的清江河，从青川唐家河奔腾而下，途径赤化，在宝轮镇和白龙江一起汇入嘉陵江，向重庆翻卷而去。大自然赠予人类丰富的自然资源的同时，也给人类带来了意想不到的困惑。千百年来，人们都在想尽各种办法与大自然抗争，修渠通道，促使其为人类服务。

清江河正是如此。潺潺的河水，滋养着沿河两岸的人民，但同时阻隔了沿河两岸的交通往来。河流用丰盈的身体，将司马村和赤化镇毫不犹豫地切割开来。

说起过去，司马口人记忆犹新。

2013 年以前，连接两岸和司马口的是一个漫水桥，老百姓赶场过河都是从漫水桥来回往返。想想那时，即便是走漫水桥，也是有一日没一日的。青川属于高寒山区，一到夏季，暴雨连连，只要青川沿线下暴雨，山洪暴发，河水暴涨，漫水桥就会被青川泻下来的洪水淹没，无法过桥。人们只能从剑阁下寺绕个推磨转到白田坝赶场，在蜿蜒崎岖的羊肠小道翻山越岭，非常困难。就出现了这样的情况，河这边生产的货物很难出去，河那边采购的货物不容易运进来，货物往来交易成了老百姓老大难问题，人们热切希望能在清江河上架起一座连接两岸人们往来的桥梁，以解决最棘手的交通问题。

没有想到的是，老百姓梦寐以求的出行难问题很快就被彻底解决。

2012 年 3 月，市、区两级党委政府联合打造司马村和泥窝新村建设，一座连接两岸人民的司马富民大桥在司马口正式开工建设。在村民们的热切盼望中，司马富民大桥于 2013 年 1 月顺利连接通车。从修建到通车，不到一年时间，可谓是兵贵神速，雷厉风行，迅速解决了老百姓出行难问题。

接着，镇党委政府开始着手打造新村，新修建了环线车道、景观节点、入口广场、桃花岛、悠竹人家、樱花弯、廊桥、便民服务中心等基础设施建设。基础设施升级打造，司马村的环境越来越优美。

电网改造由原来 5 个村小组 2 个变压器，改造成现在每个村小组一个变压器。由于一组人口多，用电量大，在改造过程中还特意安装了 2 个变压器来解决一组老百姓用电问题。

基础设施的改善，让村民们对好日子有了盼头。老百姓从此甩开膀子，全身心投入到产业发展中去，依托便捷的交通运输，大力发展种养殖业，发家致富，很快就改变了原来的生活状况。年人均收入从原来的 2000 多元，发展到现在人均收入 10000 多元，使得司马村在赤化镇的 9 个村小组中名列前茅。

基础设施改善了，收入高了，生活条件改善了，用电用气更加便捷，彻底告别了烧柴做饭的时代。没有人打扰的森林原野，开始肆无忌惮地自由生长。喜看今日的司马村，茂密的森林，幽静的林间小道，山间田野，稻谷飘香。漫山遍野一片诱人的葱郁，真是绿水青山司马口，悠竹人家致富忙。

2016 年，司马村与泥窝村成功创建 3A 级景区。

通过努力，司马村的大部分人都过上了相对富裕的生活，但还有 30% 的人群未摆脱贫困，通过入户调查，主要原因是因病致贫。在国家好政策的扶持下，他们正在逐步摆脱贫困，过上幸福美好的生活。

司马口的得名

在探访中得知，司马口得名还有一段鲜为人知的历史，为了了探询这段历史，我找到了原市政协原教科文卫体委主任朱福全收集整理到的司马口历史资料，全文如下：

溯清江河口向西 8.6 公里，白田坝沿清江河向东 2.6 公里，南岸陡崖中断处，出现一块面积约百亩的缓坦谷地，谷地横卧在三面环抱的陡崖陡坡内，俯视着滔滔东流的清江河，像一只柄朝南、头朝北，前缘中缺见底的葫芦瓢从群山中探头而出，欲舀江水，这就是清江河下的谷中谷——司马口，又名罗家沟口。

司马口的得名，来自公元前 316 年秦灭巴蜀、司马错领兵伐蜀屯兵于此的历史事件。

据《史记·太史公自序》记，司马氏从商周以来世代为将，且典周史。司马错处于战国中期，是我国纪传体通史鼻祖司马迁（前 145 年~前 90 年）八世祖、先秦盖世名将，历仕秦惠文王（前 337~前 311 年在位）、秦武王（前 310~前 307 年在位）、秦昭襄王（前 306 年~前 251 年在位）三朝，曾率师灭蜀，平叛后为蜀郡守。

《史记》和《华阳国志》详细地记载了秦灭蜀的前因后果：秦惠王更元九年（前 316 年），蜀王因其所封苴侯与其世仇巴王私通而发怒，率师伐苴侯，围攻葭萌，苴、巴向秦惠文王求救。当年秋，秦惠文王想出兵攻打蜀国，但既顾虑道路险峻又担心韩国趁机侵犯，犹豫不决。司马错与丞相张仪为此在朝廷展开争论，张仪主张攻打韩国，灭二周〔周赧王时（前 295~前 283）分裂成东周、西周两小国〕，据九鼎，挟天子以令诸侯。司马错坚决反对张仪之策，他认为：蜀虽"西僻之国也，而戎翟（或称戎狄，古代中原对西、北少数民族的统称）之长也，有桀纣之乱，以秦攻之，譬如使豺狼逐群羊，得其地足以广国，取其财足以富民"。顺水而下可攻打楚国，灭蜀自己不受损失，既获得巨大利益，又有禁暴止乱美名；而周为天下宗室，对其用兵会失去道义招全六国围攻，后患无穷。秦惠文王采纳了司马错的主张，当即遣司马错与张仪、都尉墨等率军从金牛道伐蜀。

公元前316年冬，秦军在葭萌击败蜀军。蜀王向西败退守剑门天险。攻克葭萌后，司马错乘胜渡白龙江溯清江河追击蜀军，急行20余公里到达司马口，见将士十分疲惫饥渴，其地如盆且木丰水清，背风、水质好、多柴薪，正是大犒三军佳境。于是下令停止前进，埋锅造饭，略作休整以利再战。司马错军在此用餐休整后再行11公里至大仓坝，顺利攻克剑门天险，穷追至武阳（今四川省彭山县东江口镇）杀蜀王。

秦灭蜀后顺势灭苴、巴，设巴、蜀二郡，以司马错为蜀郡守。秦昭襄王六年，蜀侯嬴恽造反，司马错再次伐蜀平叛，诛蜀侯嬴恽。

司马错因两次伐蜀并曾为蜀最高行政长官——郡守，遂成了巴蜀大地家喻户晓的伟人。罗家沟口本微小无名，只因司马错在此屯兵炊事，点石成金，从此这里便得名司马口，传承至今已达2300多年。

站在司马口村头，望着青砖黛瓦的小洋楼错落有致地掩映在绿林之中，不由得感慨万千，如今的农村早已成为现时版的桃花源。栏栅里瓜果飘香，农家小院里鸡鸣狗叫。潺潺流淌的清泉旁，不时有村民开着自家的小车从乡间公路款款而过。悠闲富裕的生活，让久居城市的人们好想放下一切，扑向他们梦中的生活。

2300 多年过去了，历史的硝烟早被时光磨成了记忆，战马的嘶鸣声也已湮灭在岁月的河流之中，脚下这片土地在时代的变革中走上了一条新的发展之路。倘若司马错能隔空瞭望，也会为这座小山村的美丽变身而惊叹不已吧！

第四章　赤化村

在赤化镇清江河畔，有一片被群山围绕的土地，土地平旷厚实，房屋整齐有序，交通网络四通八达，人们过着富裕而悠闲的生活，这就是赤化村。赤化村总共有5个组，土地面积500多亩。共有户数430多户，人口1850人，主要姓氏有景、刘、邓、王、李、褚。

1935年，中国工农红军绕道进驻白田坝，在这里进行了短暂休整。新中国成立后的1951年，这里成立了赤化人民公社，赤化村也因此而诞生。

赤化村历任村书记：

依次为景世国、景泽生、李应全、徐宋礼、邓顺江、杨太富

赤化村现任村"两委"成员：

书记：杨太富

主任：徐均

文书：邓天华

赤化村历史

　　赤化原名白田坝，为了追溯这个名字的来源，在当地老百姓引荐下，我找到了赤化村人景玉明。1956 年出生的景玉明，在白田坝生活了有半个多世纪，他不但见证了这片土地在时代节拍下的飞速变化，还是一位热心收集整理本土文化的地方名人。从他口中得知，白田坝的历史可以追溯到 1300 多年前。贞观年间，白家沟一白姓大户人家里有一位小姐，生得面若桃花，身若杨柳，婀娜多姿，且知书达理，人们称她为白小姐。据说有一年冬天，白小姐站在白家沟口向沟外望去，看见沟外那一片平旷的土地之上是寒霜覆盖，薄雾缭绕，银白一片，宛若梦中仙境。看着眼前的惊人美景，白小姐脱口而出"白田坝"三个字，白田坝也因此而得名。后来薛丁山带着儿子薛云龙征西路过白田坝，薛云龙见白家小姐粉黛芳颜，秀美温婉，便娶白小姐为妻。婚后，白家小姐就跟随薛云龙西征去了。

走进南华宫

白田坝历史悠久，文化底蕴特别丰厚，南华宫的庄子文化显得尤为典型。为了理清这段历史悠久的文化脉络，我在一个天高云淡的秋日，驱车来到白田坝，走进南华宫，探询庄子文化。

我是跟着祖辈的足迹来的。解放前，我的祖奶奶带着有一手精湛造船技艺的爷爷万般不舍地离别故土，翻山越岭，辗转来到白田坝讨生活，扎下根来。因此，白田坝也是我的故乡。白田坝的母亲河——清江河从摩天岭南麓出来，穿过龙门山北端，一派碧波由西北向东南，浩浩荡荡地流经唐家河国家级自然保护区、青溪镇、桥楼乡、曲河乡、前进乡、关庄镇、凉水镇、七佛乡、马鹿乡，到竹园镇汇入黄沙河，再经宝轮镇注入白龙江，在广元境内全长154公里。

清江河的尽头就是我祖奶奶曾经的居所——白田坝。沿河两岸，肥沃厚实的黑土地一直延伸到目力所及的山脚。正是深秋时节，层层梯田错落有致地横挂在倾斜的山坡上。

满眼秋色斑斓。

我注视那向着天空攀登的梯田，仿佛看见了祖辈的四季。这一片土地，当春耕时节，是人欢鸟唱，一片繁忙；秋收季节，则稻谷飘香，人人喜上眉梢。从什么时候开始，白田坝的先祖们就在这里繁衍生息？那梯田上忙碌的身影，是代代相传从未停息……

宽阔丰盈的清江河在春天里唱着兴奋的歌谣。她在夏天舒展，在秋天腰肢苗条。往来商船带着沿江两岸人民生产的商品从青川起锚，顺流而下，途径 10 余个乡镇，抵达白田坝码头装卸货物，然后，满载货物的商船又在这里起锚汇入白龙江，驶入昭化码头。江面上白帆齐发，"两岸猿声啼不住，轻舟已过万重山"，一夜之后，满载货物的帆船趁着风声浩荡，便抵达了重庆朝天门码头……

历史的帆影已经远去。遥想当年，这一河白浪之上，无数南来北往的商船来来往往。傍晚时分，江面上灯火辉煌，商贩们操着不同地方的口音走上岸来，将小小的白田坝挤得车水马龙……这一幅隐藏在山水之间的盛世画卷是何等的壮观与震撼。

水运交通的便捷，带来了文化的交融与碰撞。不知什么时候，在昔日白田坝的码头边，出现了一座巍峨壮观的南华宫。

这是人们为了纪念庄子而修建的。

战国前期，周朝已经名存实亡，社会动荡不安，老百姓生活在水深火热之中，庄子身处黑暗的政治当中，对苦难中的百姓寄予了无限同情。他开始游走华夏大地，传播道家思想，试图从精神上解救苦难中的百姓。传说，庄子曾游历到白田坝，一边为当地百姓传播文化思想，一边治病救人，终因积劳成疾，病逝于白田坝。白田坝的老百姓感念他所做的贡献，尊称他为南华老祖，并集资修建了南花宫，对他进行世代祭拜。

白田坝人对于庄子的纪念方式是独特的。每年农历三月初三庄子生日这天，白田坝的乡绅们就会请来方圆百里有名的戏班子，在南华宫为庄子唱一整天大戏。千百年来，这一特殊的纪念从未间断。据说解放前南华宫后面的黄莲树成片连接，若是哪一年三月初三这天戏班子没能唱大戏，成群结队的蛇就会从黄莲树丛中鱼贯而出，爬满各家各户的窗台和厨房……当百姓们承诺择日安排唱大戏后，群蛇便悄无声息地消失在了茫茫林海之中。我父亲小时候经常在南华宫看戏，所以记忆特别深刻。他说，解放前有一年久旱无雨，老百姓苦不堪言，为求天降大雨，戏班子硬是在南花宫唱了七七四十九天大戏。

人们纪念着庄子，庄子也护佑着这里的人们。要是哪家孩子考学校落榜，到南华宫求南华老祖保佑孩子来年高中，必定灵验。

南华宫不仅是白田坝百姓对文化的信仰，更显示了他们对知识的尊重。我走进南华宫，景玉明从南华老祖的神坛上为我取下了两本庄子的著作，这是我离开乡村以来很少见到的。千百年来，如此厚重的国学经典竟然以这样的方式春风化雨般滋润着这片土地。站在南华宫里，我不禁感慨万千。是啊，文化，让这个平凡的小村庄有了灵魂，让他们有了更加丰富的精神生活。

今天，南华宫门口的水码头已被历史的烟云封存于流淌的清江河，108 国道像一条乌黑发亮的锦缎，沿着山脊，向着它的终点飞奔而去。

赤化镇苏维埃旧址

1935 年初，红 31 军为了围剿国民党残余部队，从苍溪行军到老昭化绕牛头山到大朝，上二郎山，走沙坝，从剑门关背后再到白田坝驻军，徐向前元帅将指挥部设在赤化街场头的南华宫。清江村的曹氏家族将祭祀祖先的曹家祠堂捐献给红军，用做红 31 军医院，救治伤病员。

据当地老百姓讲，这支部队并不是徐向前元帅的大部队，而是借助剑门天险这道天然保护屏障迷惑敌人，救治伤病员。部队一进驻白田坝，就展开了轰轰烈烈的革命斗争，建立起了苏维埃政权。苏维埃政权的建立时间虽只有短短 28 天，但和其他县的苏维埃政权一样，进行了基层政权建设、武装斗争和打土豪分田地运动，共建立县、区、乡、村四级苏维埃 78 个。其中，县苏 1 个、区苏 2 个、乡苏 16 个、村苏 59 个。苏区面积达 1504 个平方公里。培育各级苏维埃干部 381 人。其中：省级 2 人，县级 5 人，区级 11 人，乡级 118 人，村级 245 人。成立了赤化县游击大队、赤卫队、少先队和儿童团等自卫武装组织。同时积极组织动员群众参军扩红，有 784 人参加红军。

时间过去了 80 多年，赤化县苏维埃不仅旧址依然如故，照片里红军所留存的物件依然闪耀着历史的光辉，遗留下的诸多红色文物，依然在讲述着鲜活的红色记忆。如清江村曹家祠堂的红 31 军医院，清江村的红军井、红军树等。其中，令人印象最深的是红军錾刻的 19 条永久性标语。在这些标语中，"坚决赤化陕甘川"显得与众不同，具有特殊意义和深刻内涵，是赤化县苏维埃留给人们的一件重要红色文物。

"坚决赤化陕甘川"是中国工农红军在"赤化全川"之后喊出的响彻川陕甘三省革命口号，它彰显了广元苏区当时已具有雄厚的政治基础、军事基础和物质基础的历史事实。这幅标语之所以錾刻于赤化县苏维埃境内，而不是其他地方，深刻反映了赤化县苏维埃境内的战略地位。赤化县苏维埃位于川陕甘三省结合部，扼水陆要冲，控南北咽喉，是控制向川陕甘发展的要道。地处平原河谷地带，拥有丰饶的农业资源，加之秦岭山脉与巴山天险，还有峰峦叠嶂的崇山峻岭，退可依险而守，进可图川西平原以及甘南、陕南，利于建立三省连城一片更大范围革命根据地，利于中国工农红军展开对敌的长期坚决斗争。同时，打通从西南到西北的通道，便于与苏联取得联系，利于争取友邦的支持帮助。

"坚决赤化陕甘川"的革命口号，不仅在当时具有重要现实意义，至今，它仍是鞭策鼓舞人民夺取社会主义建设胜利和巩固改革发展成果的精神动力。

为永远铭记这段革命历史和革命号召，当地党委政府将原白田乡更名为了赤化镇。

这里成立了"利州区红军文化陈列室"，里面陈列着红军当年用过的部分物件以及一些老照片。

回龙寺

赤化村有一个香火旺盛的寺庙叫做回龙寺。有人说有几百年历史，有的说有上千年历史，到底有多少年历史，谁也不知道。

我是根据当地喜欢研究文化的老百姓景玉明口述回龙寺由来记录下来的，以便后人知晓，方便其重新考证。

据说，白田坝原来有三个叫做金潇、银潇、碧潇的三姐妹修炼成了正果，人们为了纪念她们，修建了寺庙，取名为回龙寺。据说回龙寺的香火非常旺盛，烧香祈福的人很多。

基础建设历史脉络

当我踏上这片土地，通过不断走访。我惊喜地发现，新中国成立后，中国共产党为了让老百姓过上幸福美好的生活，动用了大量物力财力对村组道路交通、水利灌溉等基础设施进行修建投入，这些修建出来的民心工程也非常具有时代感和代表性。因此，我认为非常有必要将这些民心工程的建设项目和修建时间记录下来，以儆后人。

在赤化村，我找到了景玉明和邓天华，请他们帮我梳理出了赤化村新中国成立后，在中国共产党的领导下进行的基础建设发展变化，并用文字记录下来，以备后人查阅了解。

新中国成立后的 1964 年，赤化人民公社和赤化村共同修建了蛮洞沟水库。该水库距离赤化村 2 公里，蓄水量为 20 多万立方米，主要解决二、三、四、五组农田灌溉问题。当时赤化人民公社的书记是袁德建，他为修建该水库做出了积极贡献。

1995 年，赤化村修建了邓家沟水库。邓家沟水库位于赤化村一组，距离赤化街大约 3 公里路程。修建该水库主要是解决一、二、三、四、五组农田灌溉问题。为了对该水库有一个直观印象，景玉明和邓天华还专程带我上山参观了邓家沟水库。该水库根据山体的自然形态，在峡谷的落点筑坝扎堤，顺山势修建而成。

在修建邓家沟水库的时候，考虑到水库距离一组最近，村组讨论后达成一致意见：一组出工修建，二组出资金。资金来源主要是宝成复线修建占用集体山林赔偿款 11 万元，剩下的 30 多万元由几个生产队平摊。通过一年多的艰苦努力，邓家沟水库修建成功，蓄水量达到 10 万立方米，总耗资约 40 万元。在后续几年中，邓家沟水库又不断进行维修加固，直到现在还在使用。

由于一队地处高山，群山环绕，风景秀丽，自然环境优美，据说邓家沟水库又在维修加固，蓄水保枯，以一种新的姿态造福赤化村人。

2007 年，赤化村争取政府资金将一队到赤化街上的道路硬化，每公里 15 万元，实际硬化是每公里 17 万元。中间差额款项老百姓是卖自家山林里的树木筹集资金，完成道路硬化的。

2009 年，村里利用灾后重建资金，修建并硬化了二、三、四、五组的入户道路，解决了村民们出行难问题。

2012 年，打通了一队入户路，实现了户户通水泥路的新格局。

2012 年以后，硬化赤化到回龙寺 1.1 公里道路，农村风貌塑造 370 户，家家户户装上了保平栏杆，在四队修建了 1400 多平方米的文化广场。通过自来水公司为三、四、五组的村民装上了自来水，解决了老百姓牲畜饮水难问题。

通过集体资金安装了路灯，解决了夜间照明问题。

征用四、五组土地100多亩建立纺织园区，解决了近300人的养老保险问题。

108线道边河堤建设转非总计800多人，现在赤化村有1100多人领取养老保险，人均每月能达到1000余元，实现了老有所养老有所依的养老模式。

现在赤化村有民办幼儿园2个。

乡村医生一个，医生叫刘满学，主要是为村民们进行健康服务。

文化室一个，内有各种图书杂志，为老百姓提供更加丰富的文化生活。

产业发展门路多

在国家政策的扶持下，赤化村的产业户数也有很多，目前成规模的产业发展户主要有：一队邓家沟的郭金生，他主要种植本地李子，从包产到户一直到现在，已经整整40多年了。五组的景清林养跑山鸡，刘满海养羊，景江养肉兔。三组陈国民种蔬菜。在这些产业发展户数当中，我注意到一队郭金生从改革开放初期到现在一直栽种本地土李子，从未改变，而且还种植得非常成功。我觉得这是一件非常有意思的事情，所以将他的事迹记录下来，以展现村民们在时代的感召下，是怎样一步步过上幸福生活的。

郭金生的本地李子发展之路

赤化村一组与白朝乡一山之隔，偏远落后。在过去的几十年间，山高路远，生活贫困是贴在一组人身上最醒目的标签。但谁也没有想到，时代的春风，为郭金生翻开了生活的新篇章。

1982年，土地解冻，大地回春，让郭金生有了属于自己的土地。与土地打了半辈子交道的郭金生笃定地认为，再高的山峰，都会有人去攀登；再贫瘠的土地，都会开出灿烂的花朵。原本就有经济头脑的郭金生开始动上了脑筋，怎样才能充分利用现有的土地资源，让其更大限度地发挥作用呢？

脚下的这片土地，在郭金生的手里，就像一本已经翻烂了的书，那些花花草草和各种植物的生长属性早就了记于心。善于观察思考的郭金生注意到，虽然这里山高坡陡，但阳光充足，土地厚实。而且这里的李子树历史久远，李子果实经过充足阳光抚摩后是又脆又甜。他太熟悉本地李子树的生长习性了，栽种简单，不需要占用耕地，适合生长在田地的边边角角，与玉米小麦相拥共生，和谐生长。世世代代都与土地打交道的郭金生看得更清楚的是：若是单独在地里培植成片的李子树，反而效果不好。一方面是土地荒废，缺少肥料养护，另一方面杂草与李子树争夺养分，影响其成长。于是，土地一承包下来，他就根据经验和李子树的生长习性，将山坡上的土地进行了整理，在每一块田地的边边角角、坡坡坎坎上种下了李子树。肥实的田地间就按照季节种上小麦或玉米，再撒上几把黄豆或是小豆，或在李子树下放几粒黄瓜种子。采取多种经营，多种渠道，充分利用有限的土地资源进行布局种植，按季节播种收割，按植物生长习性进行栽种。这样，各种粮食都能有收成，瓜果蔬菜也可以变成现钱，果树也能获大丰收。

包产到户初期，家家户户粮食都存满了仓，但手上的现金都还不是很宽余，想让村民们用现钱来买李子吃有一定难度。郭金生便想到了——粮食换李子，这看起来是最原始的交换方式，但也是最现实的交换方式。于是，每年到李子成熟季节，郭金生就背着一筐筐李子，走村串户，用一斤李子换一斤粮食的交换方式销售他的本地李子。或许有人会担心，他用李子换来的那么多粮食该如何处理呢？这个很简单，每一次改革，都会衍生出许多新的行业。眼看着农民手上有了大量存粮，到乡下收购粮食的粮贩子也应运而生，这就让郭金生将交换得来的粮食很快就变成了现钱。常常是刚刚用李子换来的粮食还在回家的路上，就被下乡收购粮食的粮贩子收购，他也从来都没有因为李子换来的粮食该如何处理而发愁。

郭金生走乡串户，用李子换成粮食的原始交易方式持续了到80年代末、90年代初。

随着改革开放的步伐加快，沸腾的大地，一场轰轰烈烈的打工浪潮翻卷而来。农村人开始利用闲暇的时间进城打工。有了打工收入来源，家家户户的经济条件陆续好转起来，原始古老的交换方式也在时间的浪潮中被迅速淘汰。

时代的洪流总是在不断地推动社会进步和发展。在市场规律循环下，为老百姓提供交易场所的农贸交易市场也迅速发展起来。郭金生应时而变，带上他的本地李子走了进市场。为了方便到市场销售，他买了一辆自行车寄放在赤化街熟人家里。每年一到李子成熟季节，他就背上李子走一个多小时的山路到赤化街上，然后用自行车驮到宝轮镇市场或剑阁沙溪坝市场上买。每次赶场，大家都看见郭金生的李子卖得又快又好，这又是为什么呢？一方面是郭金生的李子的确是又脆又甜，另一方面是因为他还有一个卖李子的秘诀。按郭金生的理解，所谓舍得舍得，就是要有舍才有得。他说："背一百斤的李子，就不要想要卖一百斤，顾客买李子的时候一定要多把秤称旺点，完了再捧一捧给他，这样你的摊位才有人气，人气旺，买的快，卖的就快。"

40多年来，郭金生一心一意，专注发展本地李子，走出了一条独特的致富道路，不但改变了一家人的生活，还将本地李子的品种延续保留下来，成为村民们唇齿留香的乡愁记忆。

时代让这片红色的土地发生了天翻地覆的变化。现在，郭金生的两个孩子都大了，并已分别成家，一家人住在一栋新修的楼房中。儿子媳妇在宝轮镇打工挣钱，每天开车回家，非常方便。

最后，郭金生不由自主地感叹，现在交通这么快捷，与其在外打工，不如安心在家打理好自己的一亩三分地，勤快一点，种点粮食和瓜果蔬菜。每年玉米出来卖嫩玉米，瓜果成熟卖瓜果，一年四季，地里的粮食和瓜果蔬菜都卖不完。他还算了一笔账，在外打工五六十元一天，天不亮就出门，还不是每天都有工打，一月到头好了挣两三千，不好还没得收入。而他每天下午只花两小时左右，把自家地里的蔬菜瓜果用摩托车驮到街上去卖，一会工夫就两三百元钱到手了，人和时间都自由，多好。说完这些，他的脸上露出了满意而幸福的微笑。

第五章　石羊村

2018 年秋，我再次驾车前往广元市利州区赤化镇去探访乡村文化，我沿着清江河畔崭新的 108 国道线，向距赤化镇以西 3.5 公里处的石羊村（原名石羊坝）疾驰而去。

蜀道上的生灵在经历了花开花落的浪漫与惆怅，迎来了勾魂的季节。放眼望去，川北大地，层林尽染。群山原野，妖娆多姿。我在色彩斑斓的群山簇拥下，穿过马桑树隧道，上清江河大桥，一路疾驰进赤化镇，在新 108 国道上右拐，进入旧 108 国道里的石羊村。在石羊村村委会，我见到了事先约好的村书记杨成全，开始了今天的探访工作。

杨书记告诉我说："自从 108 国道改线经清江河畔，跨过大桥直入剑阁境内之后，旧 108 国道就变成了石羊坝的乡村街道了。没有了滚滚车轮飞扬而起的尘土和嘈杂的汽车轰鸣之声，石羊坝变得更加安静和整洁。"真的，这是一个多么美丽的村庄，一栋栋小洋楼紧紧密密地拥抱在街道两边，像极了一个浓缩版的小城市，八街九巷、纵横交错。阡陌相通的进村入户路，更像生长在长长街道上的枝藤叶蔓，蜿蜒盘旋地奔向那群延绵不绝的山脉，奋力向上攀登。原野上，成片连接的庄家地里，人们正在将大腹便便的玉米棒棒回家，村里村外，到处都是一片丰收喜悦之景。热闹的田野，金色的村庄，让我瞬间从喧嚣的都市回到儿时的乡村岁月，那么甜美，那么静谧。

在探访中得知，石羊村是赤化镇8村2社区中最大的一个村，8个村民小组的村民都集中分布居住在旧108国道两边。只有一个组的村民分散居住在宝成复线背后的山坡上，是赤化镇唯一一个既有丘陵又有平坝的村庄。像石羊村这样的村民小组分布情况，在崇山峻岭的川北广元，是极其少见，尤其是在蜀道上的利州。更难得的是，她不但有剑门天险为其遮风挡雨，还有奔流不息的清江河为其提供丰富的水利资源。肥沃的土地，特殊的地理位置，让石羊村就像一个被大地宠爱的孩子，温顺地躺在母亲怀里，过着加倍呵护的生活。

石羊村辖区面积7.6平方公里，辖居民小组8个，7个组是平坝，只有个别组是既有丘陵又有平坝。八组最为特殊，居民全都生活在丘陵地带。共有住户713户，计2933人。有耕地1121亩；林地5135亩；村组公路8.7公里；渠系7.6公里；塘（库、堰）26 口；学龄儿童入学率 100%；自然资源以林地为主，辖区内居民主要经济收入来源为务工。

由于石羊村特殊的地理位置和优渥的自然条件，所以不属于贫困村。

石羊村党支部下设党小组 8 个；有中共正式党员 65 名；其中外出流动党员 21 名；年度计划新发展党员 2 名。

石羊村班子成员名单：

支部书记：杨成全

主　　任：杨正辉

文　　书：张鸿

支　　委：赵生勇、杨强

网格员：张雪玲

村委委员：张雪玲、李建华（七组长）、李志云（五组长）

石羊坝地名的由来

在我踏上石羊这片土地，厚重的地方文化深深地吸引着我，等待着我去层层剥离，揭开这层神秘面纱。通过走访，我找到了原市政协教科文卫体委办主任朱福全，他把收集整理记录石羊坝的资料交给了我。全文如下：

春秋战国时期，石羊坝是苴国领地，居住的是从西北迁徙过来的羌族后裔，绝大多数村民姓"杨"。

远古时代，他们自称是羊的儿子，图腾是羊头。他们把族人生活生存全都寄寓羊的祈祷上，所以取石羊为地名。石头寓意不会轻易坏掉、永恒存在，羊是他们生活的必需品，用石羊来寄托他们的美好愿望，象征着他们祖祖辈辈生生不息。

在古代，石羊坝是清江河下游最繁华的地方，店铺林立，商贾云集，出现了饭店、酒楼、香药铺、茶馆、商店和街道，逐步有了坊和市。相传，北面山坡上有一对石羊，前腿弯曲呈跪姿，身上纹理清晰，两只耳朵卷曲，看上去像绵羊，面向清江河水，好像在述说着发生在这块土地上千百年来的变迁。这对石羊，当地百姓视它为瑞兽，每年都要给它烧香祈祷，保佑石羊坝百姓的幸福安康。有一年春天，这里天旱，草木不生。汉中巴山和朝天两河口一带却雨水充足，草木茂盛。

说来奇怪，北面山坡上那对石羊不知道什么时候不见了。有人说它们到了巴山和两河口一带寻找嫩草吃去了。听说它们到了那里，只顾吃鲜嫩草，不知不觉把老百姓种的麦苗给吃光了，被村民发现擒住，关到潭毒关一个石洞里，再也无法跑出来。也有人说它们跑到剑阁汉阳铺去了，在那里遭到猎狗追赶，它们只好顺着古蜀道，跑到成都去了，成都现在就有一个叫石羊坝的地名。

当时，蜀道征战不断，明月峡栈道被火烧，人马不能通行，商贾就从七盘关寻找向南行的新路线。潭毒关一带悬崖峭壁，贾商不知道从哪里朝南行更捷径，就在当地百姓的引导下沿着石羊曾经走过的路向南而行，逐步开辟了一条栈道。于是，后人就把潭毒关至李家 30 多里的一条古道称之为石羊栈道。

石羊坝自从丢失了石羊，清江河水随时泛滥成灾，不是淹没城镇，就是冲毁民房和良田，石羊坝的村民难得安宁。为了让人们记住那对石羊，他们就把此坝命名为"石羊坝"。

读完这个传说，我幡然醒悟，原来聪明智慧的石羊坝人，用这个美丽神奇的传说，为千里迢迢从西北迁徙过来的、互不相识的羌族后裔系上了亲情的纽带，让他们有了群体认同的血缘关系和共同祖先；有了代表氏族标记徽章的图腾形象；有了延续石羊人"共同记忆"的文化认同。这些延续文化认同的记忆就像轻轻缓缓的清江河水，长长久久地滋养着石羊坝人的生活。

岁岁年年，年年岁岁，历史的脚步走到了 21 世纪的今天。在新时代的召唤下，在精准扶贫好政策的支持下，石羊坝早已发生了翻天覆地的变化。被河堤拥抱后的清江河水，再也不会给当地村们带来危害，人人都过上了向往已久的新生活。但我相信，无论时间怎样前进、生活怎样改变，1000 多年的文化"认同"已经深深扎根在石羊坝人的心里，她就像母亲的唠叨，父亲的牵盼，伴随着他们走天涯、浪海角。

东晋置益昌县于此

《昭化县志》记载，东晋孝武帝太元十五年（390年），在石羊坝置益昌县。这期间，川北地区为东晋管辖。

前秦王朝统一北方后，苻坚自恃强盛，不断向东晋发动进攻。东晋孝武帝宁康元年（373年），这一带被前秦苻坚攻陷。383年，苻坚亲自率领百万大军向南进发，准备一举灭晋。此时此地，还属前秦王朝统治。东晋王朝在强敌压境、面临生死存亡的危急关头，以丞相谢安为首的主战派决意奋起抵御。征战中，晋军抓住有利战机，迅速改变作战策略，转守为攻，主动出击，击败秦军前锋，挫其锐气，结果使前秦大军溃逃，向北败退。前秦人马相踏而死，满山遍野，苻坚本人中箭负伤，秦军逃回至洛阳仅剩10万。

东晋王朝相继收复剑门关以北失地。为抵御前秦王朝向南侵犯，增强巴蜀军事实力，太元十五年（390年），东晋将管辖川北的梓潼郡分解，新设置了一些郡、县，以强化川北地区的统治。在昭化古城设置晋寿郡，在广元老城设置兴安县，在赤化镇石羊坝设置益昌县，在朝天沙河分置邵欢县。石羊坝设置的宜昌县，归昭化晋寿郡管辖，宜昌县成为剑门关北的一个重要县城。

该县地处清江河畔，土地肥沃，五谷丰登，植被茂盛，水路畅通。一度时期，这里店铺林立，商贾云集，成为清江河畔最繁华的地方。益昌县城迅速建起，城市街道和寺庙相继落成，南来北往的客商络绎不绝。1994年，利州区在石羊坝规划建设蔬菜制种基地时，在石羊坝挖出了益昌老县城不少城墙砖。

东晋末期，朝廷内部斗争十分激烈。402年，东晋大将桓玄乘朝廷实力虚弱，起兵篡位，国号"楚"。以刘裕为首的数名将领，起兵讨伐桓玄，并最终消灭了桓玄的力量。此后，刘裕率军南征北伐，其势力不断得到稳固壮大，并先后攻灭刘毅、司马休等实力派，最终迫使东晋恭帝将帝位禅让给他。刘裕取代东晋政权后，改国号"宋"，成为南北朝时期的第一个朝代，因皇族姓刘，也称"刘宋"，又归刘宋管辖。他在位30年，励精图治，国家生产经济终于有所恢复，遂有"元嘉之治"。

刘宋（420~479年）初期，不知哪一年，石羊坝遭受了清江河洪水的袭击，《昭化县志》记载"刘宋初，益昌县为清水坍陷"，确实考证不出具体年份。那年秋天，整个石羊坝的房屋和良田全部被冲毁，益昌县的城墙全部冲坍陷，不少村民被淹死。洪灾不久，益昌县移治昭化古城，直到唐开宝五年（972年），益昌县才改为昭化县，益昌县建制长达580多年。益昌县在石羊坝的历史很短暂，大约只有50年。

1935年4月10日前后，距石羊坝2里地的赤化老街的南华宫，红四方面军在那里建立了赤化县苏维埃政权。当年赤化县苏维埃政权下辖宝轮、昭化两个区苏维埃，59个村苏维埃。赤化县苏维埃政权遵照中央指示，配合中央红军北上，在取得广昭战役、强渡嘉陵江战役重大胜利之后，随着红军撤离北上抗日而解散，存在不到一个月时间。石羊坝当时建立了村苏维埃政权，红四方面军总指挥徐向前曾经还住在石羊坝三觉寺，亲自指挥广昭战役。

（原市政协原教科文卫体委办主任朱福全收集整理）

三觉寺历史久远

今天，石羊坝还可以看到一座古庙、一株古柏、一口古井和重修三觉寺碑记。

石羊坝杨正斌老人回忆，他们在地里种庄稼时，挖出不少文物，听一代又一代老人说，历史上石羊坝确实建过县，石羊坝西边、南边、东边还建有大觉寺、二觉寺和三觉寺。因清江河洪水暴涨，现仅存地势较高的三觉寺。

汉末至南北朝时期，舍宅为寺的风气盛行，石羊坝三觉寺受此影响，"四周明柱，建筑物少墙体""博敞弘丽，廊庑充溢"。这种住宅式的建筑，配以佛堂式的造型，和谐幽雅。

三觉寺四周原有4株古柏，最大的一株古柏，树干底部中间是空心，里面可以坐4人打牌，1964年被大风吹倒，村民用它做了38副棺材。其余2株古柏，"文革"时期砍了用于建石羊村小。现仅存1株古柏，树龄1700年。庙前右侧还有一口古井，跟昭化古城八卦井一样，井口径1尺8寸，深10丈，条石砌成，井壁成八卦状，水源来自清江河的渗水，常年水丰，清澈甘甜。

相传，东晋孝武帝年间，石羊坝来了觉妙、觉修、觉慧三个游方的和尚，他们一见此地，就说这里是一块好地方，他们不再云游四方，留下来募捐，在此建寺庙。觉妙和尚在石羊坝西边建造了大觉寺，觉修在石羊坝南边建造了二觉寺，觉慧在石羊坝东边建造了三觉寺。

觉慧建庙时，特地将寺庙地基填高，还在庙宇的四角栽了柏树。庙门两个立柱的石墩，特地用石头雕刻成一对长120厘米、高80厘米的石狮子。觉慧视狮子为庄严吉祥的神灵之兽，希望它能镇住清江河水妖，防止大水冲毁寺庙。万物分阴阳和雌雄，觉慧把石狮子自然也分成公母，从表情和前脚所踩物品的不同区分，雌石狮子脚下所踩之物是可爱的小狮子，雄石狮子脚下所踩之物是一个精致的绣球。可惜，这对石狮子三年前被人偷走，听说各卖了60万元，偷石狮子的那个人，后来也被汽车撞死了。

乾隆至光绪年间，石羊坝先后两次重修三觉寺。乾隆年间，重修过一次。时隔100多年，同治十年（1871年）秋，清江河洪水暴涨，村舍千余户房屋被洪水冲塌。到光绪元年（1875年），三觉寺破旧不堪，神像剥蚀。李榕（字申夫）带头组织捐款，还动员湘藩夫子出资，用了 6 年时间，在原址重新修建了三觉寺，光绪七年（1881 年）十一月竣工，如今保留的是光绪年间重修的寺庙，也有 130 多年了。

（资料来源《宋氏族谱》 文/宋秉元）

玉皇观今昔

在石羊坝宋家盖有一弯曲的黄泥山梁，状如龙行，蜿蜒盘卧其盖沿上方。传说是黄龙望江的地脉，玉皇观就建立在黄龙的头顶之上。它具有左青龙右白虎、前朱雀后玄武的地理位置，高坦而显亮。站在庙梁尽可环视四面八方：那重叠的山峦，如带的清江河，亮丽的村舍，田野的翠绿金黄，风景如画，江河多娇。是一罕见的风水宝地，也是观山望景的好地方。

玉皇观建于明代嘉庆年间，也就是 15 世纪中叶，是宋氏家族等筹资修建的道观，也是宋家的祖庙。

庙房是土木结构，青瓦白墙，八角掰爪，四水到堂，有天井有厢房的四合院。庙内塑有玉皇大帝及其文殊、关羽、周昌、观音、牛王等诸多塑像。尤其是右边环堂的千佛岩最引人注目。在高低起伏的沿岩上塑有体态各异、神态不同的 80 多尊小型菩萨神像。精美的造型，高超的塑雕，活灵活现，过目不忘，给人以很高的艺术欣赏。

供奉在玉皇大帝神像前面的万岁牌是庙内的珍贵瑰宝。因为它不但来历奇特，而且外貌形状，龙腾花纹图案，是实属少见的精美珍品。其经济价值是无法衡量的。

万岁牌形似人面，金属铸制，上额拱突，中心凹陷，上是二龙抢宝，下是九龙捧圣，中间竖刻"万岁万岁万万岁"7个金色大字，11条大龙小龙金光闪闪，还有镀金的祥云花纹。艺术的构思，精湛的雕刻，使人爱不移目。这件金属雕刻的文物是宋端公因改河争地，打赢了官司朝廷赐予的奖品。

万岁牌落户玉皇观给宋氏家族增添了光彩，迎来了喜庆。宋端公也芳名远传，玉皇观名声大振。从此香火鼎盛，庙兴神灵。每到逢年过节，每月初一、十五，十里八乡的善男信女都要来烧香拜佛，祭奠神灵，许愿平安，祈祷好运。庙内香烟弥漫，庙外鞭炮齐鸣，人来人往，络绎不绝，一派热闹祥和的景象。

昔日玉皇观不但是念经诵佛、祭做法祀的圣殿，宋氏家族的私塾学堂，而且还是那些无家可归的穷苦人常住的居所。乞丐首领杨老五以此为聚点，带领乞丐沿村叫化，讨要粮饭，玉皇观成了他们居住的中心，度日的家园。

1951年玉皇观遭到毁坏。除了万岁牌在宋氏家后裔藏匿和保护下完整保留下来外，其余神像无一幸免地被砸毁，连神台泥都搬出了庙门。庙房门分给了杨老五和夏大映。

1960年夏大映一家因饥饿不幸夭亡，其房产属集体管理。1975年石羊五队修养猪场缺乏木料砖瓦，拆毁了玉皇观半边庙房，随后杨老五也拆庙搬迁，另择屋基建房。百年古庙就这样被捣毁了，只留下残垣断壁和杂乱的土堡。

21世纪，宋家盖以宋姓为主的仁人贡士精心谋划，具体安排，筹集资金，带领乐善好施的民众在玉皇观的旧址上义务修建庙宇，重现神灵。广大群众踊跃捐资，积极出力，经过几年不断努力，终于在2006年胜利完工，一座崭新的寺庙修起来了。

现在的建筑面积虽然没有以前那样庞大，但庙内仍塑有玉皇大帝、观音菩萨等神像，其风貌不减当年。庙体庄严宏伟，金碧辉煌，恢复当年的热闹景象，深受乡人赞誉，满足了民众的愿望。

（资料来源《宋氏族谱》，文/宋秉元）

宋端公其人其事

宋氏家族崇尚道文化由来已久，从明代永乐至清朝乾隆的300年中，以端公为业者代代皆有。自宋月纯、宋臣到宋登魁、宋登文止，宋家共传承了9代人的端公。在各代端公中，第八代端公宋朝玺是出类拔萃的佼佼者。

宋朝玺生在乾隆时期，从小受"四书五经"的教育，是一个有文化修养的人，其祖父宋希秀、父亲宋海都是虔诚的教徒，饱读诗书经文，家里的经书就有两箱之多。宋朝玺在道教的熏陶下，把父辈的事业传承下来。宋端公精通经文咒语，又能驾风驱云，会用魔法幻术，也会处方治病。然而他却玩世不恭，在民间留下了许多传奇故事和传奇人生。

17世纪30年代，也就是乾隆初期，当时的清江河在宋家盖下面，河水直直地流向牤牛石。有年夏天暴雨成灾，洪水猛涨，一条蛟龙随洪峰顺流而下，宋端公用宰杀的白鸡白狗抛向河中，迫使蛟龙摇头摆尾转身游向对岸山边，使得河床变位，河水改道，把五金地切割到石羊一边。引发了曹姓和宋姓的争地风波，官司一直打到北京。刑部查明原由，最后判决以河界心为界，五金地归宋姓所有。

朝廷得知宋端公法术超群，特精制万岁牌一尊，并发通关公文，令其沿途州县见之万岁牌要资助食宿，提供方便。宋端公身背奖牌徒步走了八八六十四天才回到宋家盖，把万岁牌安放至玉皇观。

当年一江湖魔术戏班在宝轮，下寺一带巡回卖艺，班主口吐狂言，要与宋端公比法术，决一死战。宋朝玺非常气愤，决心要惩罚狂徒的无理挑衅。得知戏班子要从下寺坐船到宝轮时，便命其妻王氏携带篾席在河边等候。当船行至石羊斜滩时，宋端公默念咒语，其妻则折断篾席，霎时船身散烂，木船乱翻，船上戏班人员全部坠入江中，葬身于红扁深沱之中。从那以后，每当太阳落坡，夜幕降临，斜滩河都能听到锣鼓声响，乡人惧怕，敬而远之。

一天，宋端公路过井漕沟，见一群农民正在栽秧，因此地主人对他照应不周，他颇感不快，便随手折柳叶撒于秧田之中。顿时，田里鱼群乱翻滚，活蹦乱跳，栽秧人见之忙下田捉鱼，脚踏手按，一会儿工夫，满田秧倒根翻，乱七八糟，一片狼藉，主人叫苦不堪。从此乡人对他不敢怠慢，恭而远之。

在民间宋端公的传说还有很多。如："铜锣当船""折草断肠""纸人推磨碾米""纸人煮饭蒸馍"……说得神乎其神，不胜枚举。然而他艺高胆大，殃及自身，乱用法术，伤害亲人，最后使他悔不堪言，怨恨终身。

原来宋端公膝下无子，只有一女儿嫁于河对岸张步宽。一天，女儿回娘家在河对岸行走，当时他正在王家渡坎上和几个人闲聊，有人说："你能让河对面那个女人把衣服脱掉吗？"他说："那有何难。"于是他口念咒语，那女的果真脱掉了衣服，谁知脱衣之人就是他的女儿。过了一会儿，他女儿回来了，一进门就指责她父亲瞎了眼睛，连女儿都不认得。宋端公无言以对，羞愧难当。从此他茶饭不思，气病卧床。临终时叫来了他的徒弟，也是他的侄儿宋登魁、宋登文，吩咐把所有经书装箱用铁皮箍好，不许后人观看。如若看了就要瞎眼睛。从此以后，宋姓子弟无人再看经书，无人继承宋端公这一职业。那两箱经书无人敢动，束之高阁，任其虫蛀腐烂。直到"文化大革命"时，造反派当成牛鬼蛇神的巫术魔经举火焚烧，毁坏至尽。费尽周折才保留下了宋端公用生命背回的历史文物——精美的万岁匾。

（资料来源《宋氏族谱》，文/宋秉元）

大柏树与宋秉礼

如果你到石羊，首先映入眼帘的是那棵高耸入云的参天古柏。它枝繁叶茂，根系发达，树围粗壮，笔直挺拔，酷似一把巨大的雨伞高高挺立在石羊坝的上部，这是宋家盖的醒目标志和风景亮点。

大柏树栽植于康熙年间，距今已有 300 年树龄，是宋秉礼祖父宋理所栽，它端端地对准其宅院大门，这是宋家镇宅兆吉的风水宝树。

宋秉礼，名登商。因是湖北入川至石羊从宋月纯起的第九代孙，所以称九老爷。九老爷的祖父宋理、父亲宋朝佑都是有文化会经营的乡村绅士，石羊要人，其田产家业在宋家盖乃至石羊地区都是屈指可数的。宋秉礼就是在这样一个书香门第家庭环境中成长的。他从小聪明伶俐，勤奋好学，受着良好的家庭教育，因而在当年的乡试中名列前茅，成为石羊宋氏家族中唯一的秀才。

乡人认为，九老爷家之所以人兴财发是因为点踞了上好的风水龙脉，前面有棵招财树。宋秉礼也觉得大柏树直挺高大的栋梁形象和他家有着某种关联，是它给家里带来了吉祥和福运。传说宋秉礼还写过一首赞美大柏树的楹联：

柏树当门财来宝进
庭院依山福到寿增

过了若干年后，宋秉礼去世了。他的儿子宋开国、宋子昌因经营不佳，加之天灾人祸，家业逐渐衰落，将房产卖给了陈家山陈光清。经过时光流转，后来陈光清又将房产转卖给了安、杨二姓。真是人生如梦，财物如尘，像大海波涛时而浮涨，时而消沉，淘尽了荣辱与红尘。只有那颗独立的大柏树还依然健在，依然在宋家盖生存。

然而大柏树也曾经历过坎坷，遭受过被砍伐的厄运。头一次是咸丰年间陈光清妄图变卖大树窃为己有，招致一场官司。宋氏家族共赴公堂，据理力争，赢得了官司，柏树获得了生存。

1942 年国民政府修建川陕公路，石羊村保长杨正才伙同修路监工以修桥搭架为借口强行砍伐大柏树，当即遭到宋氏家族的群起反对，在民众的强烈抗议下砍伐企图才未能得逞。

1970年人民公社准备砍伐大柏树修建学校，社员宋三正等人冒着被批斗的危险坚决予以抵制，最后大柏树才安然保留下来。

大柏树经历300年风风雨雨，见证了人间善恶曲直，见证了10代人的存亡兴衰，它是历史沧桑、朝代变迁的唯一见证者。

而今山河未老，柏树还在。它还是那样翠绿挺拔，生机盎然，高昂地站立在宋家盖，它还要见证石羊美好的未来。

（资料来源《宋氏族谱》，文/宋秉元）

新中国成立前的石羊坝

新中国成立前，石羊坝只有几十户人家，都是以种田为生。主要居住着杨、冯、张3个姓氏的居民。由于清江河没有河堤，一到雨季，河水暴涨，洪涝灾害严重，粮食收成有限，生活极度贫困。

19世纪30年代初，国民党为了方便运送战备物资，组织劳动力修建了川陕公路，这条大约4米宽的泥巴路，打通了四川到陕西的通道。从那时起，川陕公路从石羊坝中间穿过，将石羊切割成两瓣。石羊七队王家渡矮子桥就是在国民党时期修建的。

1935 年初，红军为了围剿国民党残余部队，徐向前带领部队在白田坝驻军 28 天。红四方面军在白田坝驻军，营部设在三觉寺。据说李先念、张国焘等率领的部队都先后从石羊坝经过。石羊坝很多穷苦老百姓就是那时跟着红军去参加革命，成为红军战士。其中有个叫做张大龙的人，进入红军部队后当了大干部，20世纪 70 年代回来过，是一个大人物。

石羊坝人民为了永远铭记这段历史，解放后在三觉寺左手边的古柏树下立了名为"寿千旬"的碑。

碑文左边篆刻的是：

赤化县苏维埃政府石羊三觉寺遗址

1933 年，中国工农红军长征途经现赤化镇，建立红色政权"赤化县苏维埃政府"。赤化境内留存有赤化县苏维埃遗址，石羊村二组苏维埃三觉寺即为当年红军驻扎修整场所之一，作为指挥攻打剑门关战役的指挥部，并取得全面胜利。

右边碑文篆刻的是：

缮修三觉寺碑记

盖天地有象始，神道行于期间，神圣既立于天地，亦存于人心，诚心则其神，必恭谨奉之，石羊有古刹，名曰：三觉寺，其肇建年亦远矣。因其年深日久始建不祥，然寺旁之古柏，可窥见其岁月亦或更甚之。春秋易秩，日月经轮。三觉寺法向众生，寺佑善郡，引先贤名士从善如流。据可考察者，明剑州知府李壁手书"三觉寺"金匾，清湖南布政使李榕同治年间于此亦著有墨迹，然浩荡沧桑俱不复存焉。据今世耄耋老者言，三觉寺古时既为乡邻众人弘法祈愿之庙堂，亦曾辟为村社乡邻诗经学堂，教化乡民圣言之所。于斯梵音缭绕，书生郎朗。时值 1935 年纯阳之初，工农红军四方面军 31 军自苍溪强渡嘉陵江，行经石羊，欲攻克剑门关。置敌前指挥部于三觉寺，王树声将军运筹帷幄于此，蜀北之门户，两川之咽喉顷刻破之。山门魏然，宝殿高祥，叹曰：顺民者昌，忤逆则亡。三觉寺自肇建以来，经世变迁，风雨剥落崩颓。然我历代乡民尝怀恩典，同结善缘，多次或重建亦或修缮。三觉寺今日之修缮，一为广造福田，弘劝善惩恶之法。一为追忆峥嵘，扬红军锐师之名。甘露法雨，万象总沾其恩泽。锐旅雄师，后世常忆乃精神。

公元 2015 年 12 月

　　川陕公路是连接陕西和四川的重要通道，但它从石羊坝腹地穿插而过，将石羊村居住的人群拦腰切断，分割在公路两边。

　　在这里我不得不说，新中国成立后的几十年间，货物流通主要依靠公路交通运输，川陕往来运输货物的大卡车在这条道路上频繁穿梭。由于这条泥巴路是连接川陕唯一的通道，因此道路上每天被车轮卷起的尘土是浓烟滚滚，漫天飞扬，老百姓日常生活受到了严重影响。路边田地里的庄家，常常被飞扬的黄土遮盖，田边地角的蔬菜瓜果，更是蒙上了一层厚厚的泥灰，严重影响庄稼生长成熟。秋收季节，成熟的谷穗被沉甸甸的尘土覆盖，影响收割，导致公路两边的粮食产量降低。雨季来临，道路上是泥泞不堪，还常常有大卡车陷入泥泞之中，道路交通堵塞几天几夜不等，老百姓出行也非常不方便。

新中国成立后，国家投资将原来的川陕公路铺上了柏油，尘土飞扬的时代才得以宣告结束。良田产量提高，人们的生活有了保障。有许多高山女子和土地贫瘠地方的姑娘都争先恐后嫁入石羊坝这块宝地安家落户，生活生存。铺上柏油公路后，生活条件和生活环境有所改善，石羊坝人口也开始逐渐增长。居住姓氏由原来的杨、冯、张三姓氏结构组合成的村落逐步增加到张、王、李、严、陈、秦等10多个姓氏，住户由原来的几十户人家增加到100多户人家。

村民们的生活虽然有保障，但整体并不富裕。因此，婆媳之间、邻里之间也常常为田边地角一些小利益发生口角，甚至发展成打架斗殴等恶性事件。精神生活的颓废盲目，参与打牌赌博的人也不在少数，社会风气一度陷入困境，这让没有组织约束的石羊村人也感到非常苦恼。

迈步走进新时代

时间大踏步地迈进了 1979 年，中国社会生活开始大面积解冻。广袤的国土之上，到处都能听见冰层的断裂声。

好啊，春天来了！大地将再一次焕发出活力与生机。就在一夜之间，土地解冻，万物生发，大地一派生机盎然。石羊坝的老百姓也不甘落后，乘着改革开放的春风，抓住机遇，走出家门，寻找机遇，发家致富。打工浪潮一浪接一浪，很多地方的强劳动力都纷纷外出务工，努力挣钱，改变生活条件。

一

令人意想不到的是，在这股轰轰烈烈的打工浪朝中，石羊人显得格外淡定与平和。

原来，石羊坝土地平旷、厚实，容易出庄稼，家家户户能吃上细米白面。他们认为，与其背井离乡外出务工挣钱养家，还不如农忙时节在家做庄稼，农闲时在附近打工挣钱，种庄稼挣钱两不误，多好。

正是石羊人对生活的睿智选择和决定，通过短短几年奋斗，石羊人的生活条件就大大改善，家家户户开始对老旧房进行改造。得天独厚的地理位置，让石羊人在房屋改造过程中省去了很多心力。便利的交通，解决了泥土运输上的难题。为了节省建房材料款，勤劳的石羊人，自己动手运输泥土沙石，自己打窑烧火砖。通过努力，到了 20 世纪 90 年代末，基本上家家户户都住上了砖木结构的大瓦房。这在当时是很了不起的，要知道，在 90 年代末期，高山上的老百姓都还住的是土墙房子，吃的是粗食杂粮，能住上砖木结构的大瓦房，算是过上富裕的生活了，这也让石羊人很满足。难道不是吗？从旧社会到新社会，能够住上大瓦房，有衣服穿，有鞋子穿，每天吃细米白面，隔山三岔五还吃点肉，过上不愁吃不愁穿的生活，还有啥不满意的呢？

二

时间的车轮在飞速旋转，"5·12"灾后重建，让石羊又进入了一个崭新的时代。

"5·12"汶川大地震，一场突如其来的灾难，石羊村很多家庭房屋都受到不同程度损失。正在大家一筹莫展的时候，国家很快就启动了灾后重建工程，项目是一个接一个：道路交通建设项目落地，基础设施配套设施改造工程……这些项目工程的建筑工地都需要大量劳动力，这给了石羊人就近打工挣钱的绝好机会。

石羊人抓住机会，凡是有能力打工的劳动力都到建筑工地上去打工挣钱。孩子和家里的庄家活都交给了父母和老人代管，石羊村村民的生活因此又迎来了一次新的改变。短一两年时间，家家户户都买了摩托车，并陆续将砖木结构的大瓦房换成了楼房，石羊村又实现了户户住楼房、家家迁新居的新局面。

在灾后重建中的短短 3 年时间，纵横交错的交通网线就分布在利州大地。道路交通的改变，让石羊人的出行也变得更加方便快捷。石羊到宝轮镇 12 公里路程，骑自行车半个多小时，摩托车大约 10 多分钟。石羊到剑阁新县城 5 公里，摩托车几分钟就可到达。石羊人赶上了好时代，过上了他们想要的生活。是啊，除了这样的生活，还有什么样的生活能比这样的生活更好呢？

三

这是一个伟大的时代，这是一个只争朝夕不负韶华的时代！

时间到了 2014 年，一场史无前例的伟大战役——脱贫攻坚战打响了。扶贫政策也在石羊村落地生根，让石羊村人又迎来了新的发展机遇。

重修提灌站，解决农业灌溉问题。之所以说是重修，是因为修建 108 国道线占用提灌站时，国家给予相应数目的赔护资金，但由于资金还有一定缺口，所以村里一直未启动项目建设工程。

这个提灌站是 20 世纪 70 年代集体修建的，主要是解决山坡上老百姓的 300 多亩稻田的灌溉。提灌站占用后，山坡上的老百姓没有了提灌站蓄水灌溉秧苗，开始纷纷种植旱秧。但习惯种植水稻的百姓还是一直希望再建一个提灌站，解决稻田灌溉问题。在精准扶贫政策推动下，2017 年底，村里投资 30 多万元修建了两口提灌站，将这一遗留下来的问题全部解决。

紧接着，将村组道路、入户路、通组通村道路全部硬化。道路硬化后，生产条件得到改善，机械化操作直接进入田间地头。石羊老百姓可以开上小车到田间地头劳动、收割粮食、运送肥料，大大提高了生产效率，彻底结束了肩挑背磨的苦日子，大量劳动力被解放出来，专心谋经济建设。

在精准扶贫推动下，村里建设项目增加，村干部与村民之间也发生了不少小摩擦、小插曲。这些小插曲、小摩擦不但没有疏远干部与村民之间的距离，反而让干部与村民之间的关系更加融洽。

还记得 2016 年，石羊村建设军民融合产业园，需要征地。征地，就意味着有青苗赔款，村民为了多争取国家赔款项目，开始大规模集体行动，连夜连晚地在征地上大面积栽种树苗。村民为了能争取到这笔赔款，花费几百元到几千元购买树苗栽在地里，等待赔款。区镇领导多次到现场开会宣传党的政策，劝导村民不要一门心思花在歪门邪道上，但村民们固执地认为树苗是拿钱买来的，栽在地里就该有赔款。那段时间，书记镇长坐地督办，先想办法做通村干部的工作，再由村干部去做通在村上有一定威望的村民工作。经过一系列的宣传教育工作，石羊人认识到：108国道、军民融合产业园区等建成后是一项惠及民生的大事，不能因为个人小利而影响这一关乎民生的大事。于是，村干部开始带头拔自家地里的树苗。即便是这样，还是有村民与村干部之间发生肢体冲突，吵架阻碍。为此村支书杨成全还编了朗朗上口的劝诫歌，以引导村民配合党委政府的工作。

昨日栽树今日拔，拔树现场人如麻；

只怨各自心太贪，不讲规则乱栽插。

党委政府下决心，打击抢建和抢插；

党员干部带好头，村民自觉把树拔。

抢建抢栽要制止，知法懂法还守法；

顾全大局最重要，因小失大害大家。

党委政府决策好，另找致富好办法；

今天牺牲小利益，明日迎来大开发。

抢建抢栽难发家，正当致富才合法；

还我石羊好风气，遵纪守法传佳话。

事实上，在基层工作中，干部与群众之间的小矛盾和小插曲是短暂的，也是积极的。一方面，通过矛盾摩擦，让老百姓吃透国家政策，整体思想认识得到全面提升。另一方面，村组干部在与村民之间的小插曲中得到锻炼，积极改进工作方式，为群众服务更加贴心。

我看见，在这片红军走过的土地上，村民们从小在骨子里受到了红色文化的熏陶，那份对党的热爱、对共产党的拥护之情极其深厚，老百姓也懂得感恩，只是因一时利欲熏心而产生的思想情绪，发泄一下。通过党委政府正确引导，耐心解说，老百姓明白了暂时牺牲自己的小利益，吃的是眼前亏。但从长远来看，又是造福子孙后代的大好事。最终从不理解到理解，从不配合到主动配合，各自回家将自己亲手栽在地里的树苗全部拔掉，并且主动提出不要一分钱的赔护款，积极支持党委政府的工作。

2017 年初，军民融合产业园顺利进场开工。村民们又在自己家门口打工挣钱，实现了双赢局面。

旧的问题解决了，新的问题又出现了，三标段 39 户人家的拆迁又遇到了瓶颈。由于新增拆迁资金还未完全到位，于是，村民因看不见资金就是不同意拆迁。他们固执地认为，如果不先将资金拿到手，等拆迁完了，拆迁资金就有可能拿不到手上了，那不就吃大亏了。于是，镇村两级干部开始联合给村民做工作。但让干部们感到棘手的是，由于大部分村民白天在外打工上班，根本没有时间前来参加会议。怎么办呢？镇村两级干部于是根据实际情况，调整工作时间，一到晚上，要么挨家挨户找村民座谈，交心谈心，要么组织村民晚上开大会，宣讲党的政策。

　　干部与村民经过一段时间敞开心扉交流、畅谈，找到了问题的症结所在。原来，村民的主要情绪——是因为祖祖辈辈都生活在这片土地上，有着难以割舍的情怀，无法接受离开自己的家园，搬迁移地。二是害怕协议资金不到位，最后竹篮打水一场空。三是担心拆迁之后政府无法妥善解决安置问题。在了解村民的真实想法之后，镇村两级干部耐心细致地为村民做出了明确答复，并告诉他们，路通之后，交通方便了，生活只会越来越好。为了顺利拆迁，镇村两级干部连续几天几夜没合眼，通过艰苦努力，最终得到了村民的理解和支持，39户村民无条件同意拆迁。现在，39户村民都享受到政府补贴，在外租房住。想起这段不平凡的经历，杨成全写下了《拆迁感受》来表达当时拆迁工作的种种不易。

　　　拆迁工作难，千万莫等闲；项目工期紧，推进受阻难。

　　　市区好领导，多次来调研；积极筹资金，考虑很周全。

　　　赤化镇党委，各方齐周旋；多次专题会，数回入户谈。

　　　分工很明确，包户更合作；政策先讲透，利弊都要说。

　　　村组众干部，串门又入户；耐心做工作，原则不让步。

　　　感谢好村民，就是有觉悟；虽然也抱怨，大局还得顾。

　　　还有各部门，大力来相助；齐心又协力，确保推进度。

市上征拆办，全程来陪伴；赤化派出所，现场天天见。

城建和国土，顶风又冒雨；还有农电站，不怕累和苦。

工作能推进，牵动赤化镇；感谢各部门，不负党信任。

回想这几天，感慨又万千；工作的辛酸，历历在心间。

拆迁干部们，个个是能人；为了签协议；白昼忙不停。

书记和镇长，亲自作宣讲；语重又心长，全局来着想。

村民思想通，正在搬家中；今日离故居，只为路早通。

倒房在进行，机械忙不停；抓紧时间干，按期要完成。

连日的工作，好事也多磨；过程虽苦累，结局很欣慰。

大家的奉献，群众看得见；为了搞发展，再苦也情愿。

在精准扶贫政策支持下，石羊村迈步走进了新时代！

环境保护责任大

石羊地处平坝，土地厚实肥沃，是种粮的好地方。但是，每年春秋两季的水稻、玉米、小麦产生的大量秸秆不好处理，石羊人就在田间地头焚烧处理。于是，每到了收割季节，家家户户田间地头是火光冲天，天空一片烟雾腾腾，一股股呛鼻难闻的浓烟缭绕在空气之中。燃烧产生的飞絮也在空中飘飞翻滚，严重污染环境，影响人们的日常生活。虽然村民也认识到这种焚烧处理秸秆的方式会严重污染环境，但是堆积成小山一般的秸秆实在是无法处理，无奈之下，只好焚烧。

随着社会不断进步，城乡生活环境逐步改变，生活水平提高，人们对生活环境要求也越来越高，环保工作也成为国家一项重大战略国策。

改变人居环境，在重大国策下，赤化镇迅速行动起来，对老百姓燃烧秸秆一事开始实行严格管理。但一直以来，老百姓燃烧秸秆已经成为一种生活常态，要改变这种常态，谈何容易。开始宣传的时候，老百姓千般阻挠，万般不愿。他们固执地认为，我在自家的地里燃烧秸秆，又没招惹哪个，谁也管不了。还有就是，环境对于老百姓来说还是一个全新的名词，他们很难理解。再说，那么多秸秆堆放也是大问题，怎么解决，往哪里堆放，这也是老百姓最为头痛的事情。

为了解决秸秆焚烧问题，区环保局、镇政府、村委会三级联动宣传。村里大会小会开了无数次，甚至区环保局还动用了宣传车，每天巡回宣传，村里的广播每天不停地宣传党的政策：环保带给人的清爽新鲜的空气，优美干净的生活环境……但会归会，说归说，效果都不太理想。还是有老百姓不听劝阻，继续焚烧。甚至到秸秆燃烧旺季，镇村两级干部轮番蹲守检查。到后来老百姓与干部干脆玩起了藏猫猫、捉迷藏的游戏，这边火灭了，那边火又烧起来了，这种灭火方式把镇村两级干部弄得哭笑不得，疲惫不堪。

最后，实在没办法，镇村两级领导共同制定出了具体制裁措施：凡是不听劝阻，继续燃烧秸杆的，由村委会公布黑名单，上黑名单的村民降级享受村里福利待遇。这一措施果然效果明显，人是一张脸，树靠一张皮。石羊老百姓把名声看得比命还重要，村民们开始对自己的信誉非常在意了。大家开始自觉遵守这一规则，用实际行动守护蓝天白云，留住青山绿水。

感谢这个伟大的时代，公路进村入户，田间地头机械化，在收割期间就已经将秸杆打碎，撒在地里做了有机肥料，燃烧秸杆时代已经彻底结束。而村民们也看到天蓝、水清，优美的自然环境给他们带来的种种好处，环保意识也愈加强烈。

杨成全在那段时间，为了劝诫村民不要焚烧秸杆，写下了这首劝戒歌，表达了对环保工作的感悟和体会。

禁烧秸杆任务重，各级领导都出动；

晚上召开紧急会，明天要来真行动。

不听劝告要拍照，收集证据处罚重；

立即纳入黑名单，以后办事无信用。

奉劝父老和乡亲，政策法规必须听；

处罚并非是真心，转变观念要认真。

焚烧秸秆害大家，秸秆还田人人夸；

保护环境我带头，共同努力你我他！

提倡环保很重要，需要宣传多引导；

人人都要来重视，全民参与才有效。

今昔环境来对比，今日已非昔日貌；

现在国家政策好，人民生活都提高。

农民种地图方便，化肥农药很普遍；

药瓶乱丢田地间，土质水源受污染。

焚烧垃圾和秸秆，产生毒气冒黑烟；

烟雾弥满飘空间，干扰航线太危险。

污染空气和环境，吸入毒气易生病；

引发火灾要追责，后果严重把罪定。

不听劝告要处罚，大气污染已立法；

情节轻微罚两千，重可拘留十五天。

回忆家乡好风光，青山绿水野花香；

绿树掩映群山抱，河水清澈鱼儿跃。

为了子孙和后代，环境保护要加快；

自觉养成好习惯，崇尚绿色和低碳。

环境治理无小事，各级政府很重视；

加强宣传造声势，全民参与来自治。

改悼各种坏习惯，坚持环保不间断；

全民动员齐努力，公益事业要心齐。

村容整洁环境美，街道卫生气象新；

综合治理见成效，人民生活才舒心。

饮水工程深入人心

清江河丰盈宽广，千百年来，沿河而居的石羊老百姓都是在清江河中挑水吃，非常不方便。清江河人畜共饮不说，上游的老百姓在清江河中洗衣，游泳，牛踩马踏，未经处理过的水无法保证达标，存在诸多隐患。即便是这样的条件，平坝地方的老百姓还可以到清江河挑水吃，丘陵地带的老百姓就只能靠天吃水了。一遇到干旱季节，吃水就成了石羊人的大问题。解决老百姓吃水问题，迫在眉睫。

过去受条件限制，村委会是心有余而力不足。如今老百姓都富裕起来了，村干部商量拿出项目拆迁款 10 万元解决老百姓饮水工程。

为了切实解决老百姓吃水问题，村委会通过与老百姓协商达成一致意见：老百姓自己承担入户水管费用，由剑阁自来水厂引至村上主水管道费用由村上全部承担由，双方共同解决饮水工程。

意见统一后，饮水工程从 2015 年开始启动，到 2017 年初完成，共耗时两年多时间，彻底解决了石羊坝 723 户、2933 人的饮水问题。

现在，石羊村老百姓家家户户都吃上了干净放心的自来水，再也不用到清江河挑水，过看天吃水的日子了。

互帮互助心连心

在精准扶贫这场史无前例的伟大战役中，石羊村在搞好自身建设的同时，还积极出资出力，帮助贫困村解决实际问题，携手并进，共同富裕，共同奔小康。

冯家村地处高山，一直以来由于道路交通的堵塞，阻碍了村民的发展道路，成为赤化镇 3 个贫困村中的一个。冯家村也因贫困户多，工作压力大而着急。

赤化镇党委政府考虑到冯家村的实际情况，提出为了缓解冯家村压力，采取了非贫困村帮扶一个贫困村的发展带动模式。

从 2017 年 11 月开始，石羊村积极响应镇党委政府的号召，村上派出 40 多人，出资 5000 余元帮助冯家村进行环境卫生整治工作，让冯家村的环境卫生焕然一新。

贫困户严长清家的厕所因为没资金而无法改善，得知这一问题，石羊村想办法组织了 4 吨水泥、10 方河沙帮助严长清实施改水改厕工程。通过多方面努力，冯家村的脱贫攻坚工作取得了决定性胜利，顺利通过了省级脱贫攻坚验收工作。

展望未来心欢喜

如今，石羊村公路进村入户，田间地头机械化，家家户户稻谷飘香。文化生活丰富多彩，闲暇之余，三五个村民聚在一起，下下象棋，做做健身活动，或者到村图书室看会书，生活过得悠闲自在。在探访期间，我问过他们，现在生活条件这么好了，你们还有什么愿望没有？他们说，没有了，我们做梦都没有想到会过上这么好的生活。如今过上了做梦都没有想到的好生活，我们从心地里感谢共产党，感谢国家好政策，感谢镇党委政府将政策精准落实到位。

在我探访结束时，杨成全又说，现在国家对乡村文化建设非常重视，为了进一步提高村民们的精神生活。石羊村已经规划在2019年2月开始投资修建一个大型文化广场，广场规划安装上健身器材，做文化宣传展板，学习国学思想精髓。本着百善孝为先的中国传统，将在文化广场融入孝道文化，引导村民邻里之间团结友善、感恩奋进、激励上进等文化元素。

增强文化自信，广场雕塑图腾——石羊，镌刻石羊的来历。

以羊温柔善良的性格来引导村民言行举止保持温良，进一步约束行为规范。

潺潺清江河作证，石羊村正喜气洋洋地朝着2020年全面小康社会迈步前进。今天，108国道沿着清江河直奔清江河大桥，剑阁到成都，南北畅通无阻，彻底告别了拐弯抹角的出行方式，老百姓真正感受到了出行方便所带来的好处，实现了10分钟上高速、20分钟上高铁、半小时到机场的30分钟经济圈。

在清江大桥的剪彩仪式上，老百姓现场作诗感受颇为深刻：

快速通道宽又长，清江河上架桥梁。

功载当代无人比，利在千秋美名扬。

看着石羊村越来越好，石羊人是笑在脸上，喜在眉梢，如若不信，有诗为证：

家在石羊

我的家乡在石羊，人口三千且善良；

土地肥沃上千亩，父老乡亲勤耕种。

平坝丘陵和山坡，物产丰富资源多；

门前有条母亲河，石羊儿女她孕育。

新旧国道穿村走，南来北往似枢纽；

宝成铁路两条线，西进北出很方便。

石羊迎来新机遇，项目建设抢进度；

快速通道通小康，生态河堤滨河路。

清江大桥像彩虹，天堑如今变通途；

如今家乡变化大，群众奔康信心足。

村组全是水泥路，方便进村又入户；

欢迎您到石羊来，走亲访友把假度。

村内田园风光美，后靠青山前依水；

山水相映如画卷，人在画中画更美。

民风淳朴环境好，适宜居住和养老；

乡村振兴好机遇，欢迎来把产业搞。

农旅结合新趋势，发展石羊有优势；

身为赤化石羊人，众人团结心一致。

建设家乡齐努力，先进经验多学习；

齐心协力办法多，干群同心创奇迹。

脱贫致富奔小康，全村人民斗志昂；

创造幸福新生活，我的家乡在石羊。

农民企业家宋吉亮

在我写石羊村的时候，村书记杨成全一直在推荐我写宋吉亮，说他是石羊村最具有代表性的农民企业家。他迎着改革的春风，抓住每一次财富积累的机会，发展壮大，直至将企业做大做强。现在，他名下有 4 家酒店，2 家公司，总资产过亿。是一名年营收入达 6000 多万元，年纳税额 3000 多万元的农民企业家。

宋吉亮出生在一个多子女家庭，家中兄妹 5 个，一个哥哥，两个妹妹，一个弟弟。上面还有年迈的婆婆爷爷，住的是四壁透风的土坯房。父母早出晚归在生产队挣工分，分到的口粮根本无法解决一家近 10 口人的吃饭问题，家里整天为一日三餐愁眉苦脸。迫于生活压力，宋吉亮不得不辍学回家务农，和父母一起挣工分来维持一家人的生活。

从辍学回家务农的那一天起，郁郁寡欢的宋吉亮就以为：他将重蹈祖辈覆辙，永远无法摆脱面朝黄土背朝天的穷苦生活。然而，让宋吉亮做梦也没有想到，他面朝黄土背朝天的穷苦日子并没有持续多久，一股春风的吹拂，美丽新生活就迎着朝阳向他大踏步地走来了。

80 年代的第一个春天，中国社会生活开始大面积解冻，在沸腾的大地上，人们尽情地释放储存已久的能量。春风的芳香率先飘进了清江河畔，飘进了 108 国道线上这个叫做石羊的小村庄。当第一股春风吹来的时候，同龄的年轻人都还在试试探探向门外张望的时候，这个 16 岁的青涩少年，迎着春风，开始了健步如飞地奔跑。

他和同伴门一起看准了猪肉行业，开始做起了猪肉生意。他说："那时做猪肉生意的人很少，猪肉生意非常好做。"他记得，第一次出去做猪肉生意，是父亲将在砖窑厂起早贪黑积攒下的大半年的零工费 80 元钱全部都给了他。他小心翼翼地攥着这笔来之不易的巨款，和同伴们一起到偏远的乡村收购生猪。因为他们在计算，越是偏远，毛猪价格就越便宜。在物价极为廉价的年代，毛重生猪顶多不过三四毛钱一斤。他拿着手中的第一笔资金，收购了一头两百多斤的毛猪，宰杀后卖七八毛钱一斤。除去成本和各种杂费，一头猪一天就赚了三四十元。在月工资只有三四十元的年代，一头猪所赚的钱就是工人一个月的工资。这让宋吉亮品尝到了甘甜和美味，同时也为这个刚刚奔跑的少年带来了极大的振奋。

春风吹动百花开，朝夕之间齐争艳。

短短两年，翻滚热浪就吹醒了所有人。村民们看见做猪肉生意赚钱，纷纷效仿，做猪肉生意的人也渐渐多了起来。看着这种情况，宋吉亮想，如果大家都去抢生意做，竞争压力大，生存的空间就相对有限。他觉得，要开辟新的路径。他开始留心观察，寻找新的机遇。是的，这个世界从来都不缺乏机遇，只是很多人都没有用心去观察和发现。事实上，脚下的这片红色土地，就像一个无边无际的生化室，每分每秒都在运动和发酵。而机遇，正是让那些善于观察和思考的有心人在适当的时机，用适当的方式将它紧紧攥在手心里，宋吉亮就是这样的。

通过调查思考，他又瞄准一个新的行业——开敞棚车。宋吉亮发现，做生意的人多了，赶场的人也多了起来。而这些人当中，不是所有人都有自行车和摩托车。交通出行，货物运输，是他们迫切需要解决的问题。宋吉亮想，如果我来做客运生意，那不又是一个新的行业吗？于是，他带上做肉生意积累下来的资金到河南花了 5000 元买了一辆敞棚车，开始做起了从石羊坝往宝轮镇拉肉拉客的生意。石羊坝到宝轮，敞棚车来回大约一个小时左右，一天要跑 10 多趟。在改革开放初期，一切都还有待规范之中，敞棚车前前后后挤挤磕磕拉十几个人，车内还要拉上猪肉，可以说车上是满满当当。这样，一元钱一个人，一趟下来的收入是几十元，一天收入达到五六百元。

突如其来的财富，让这个刚刚开始奔跑的少年漂浮起来，他染上了赌博的习惯。所谓赌博赌博，就是越赌越薄，赌博让这个少年陷入了困窘之中。在这一片沸腾的红色土地上，机遇真的是无处不在。正在他为赌博造成的困窘而焦急万分的时候，新的机遇又在向他招手。"要得富，先修路"这是广元人最有气魄的一句话。为了打通交通枢纽，助力经济腾飞，一个振奋人心的消息飞进了川北大地——古蜀广元，绵广高速开工建设，宋吉亮再一次抓住了机遇。他开始瞄准时机，做河沙生意，向高速路卖河沙。那几年，他把成车成吨的河沙源源不断地输送进了高速公路建设现场，而钞票也是滚滚而来。深受赌博之害的宋吉亮决定浪子回头，不断财富积累，将生意做得风生水起，如火如荼。

是的，做任何事情，只要肯努力去做，机遇总会在不经意间向我们迎面走来。改革开放，让中国经济突飞猛进，建设项目接踵而至。

2002年，剑阁县城搬迁，项目接踵而至。他又将做河沙生意积累的上百万资金投入到建筑项目中去，这一桶金的掘得，让他有了足够的资金买楼盘，置产业，进军酒店行业。经营沙石的经历让他对混凝土行业有了充分认识和评估，他进军混凝土行业，开办了万历商品混凝土有限公司，经营混凝土业务。而在房地产行业打拼更让他看到了房屋修建、装修等建材的庞大需求量，他瞄准商机，开办了金力建材厂，很快成为一名身价过亿的农民企业家。

在探访中，我看见了宋吉亮在改革开放的黄金阶段，抓住机遇，积累财富，成为同龄人中的佼佼者。当精准扶贫战役打响，他已彻底摆脱贫困，反过来他又成为精准扶贫奉献者。

2017年他为赤化镇张公村捐献20万元修建村组路；

2018年为剑阁县何林镇化林村捐献500吨水泥修建村组道路；

2019年给剑阁县何林镇捐献10万元助力脱贫攻坚；

资助贫困大学生顺利完成学业。

有句古话说得好，一方水土养一方人。改革开放的春风，唤醒了沉睡的大地。土地承包，让闲暇之余的农民有了更加广阔的发展空间，外出打工挣钱成为农民获取经济收入的重要方式。我在探访中了解到，在石羊村，有 80% 的青壮年都外出打工挣钱，改变了生活现状，过上了相对富裕的生活，贫困不再成为缠绕在他们身上的紧箍咒。

　　宋吉亮开启了与同龄青年逆行的脚步，没有选择外出打工，在生养他的这方水土上寻找机遇。他虽然文化程度不高，但每一次机遇他都能够精准把握并激流勇退。包产到户，刚刚打开的市场，村民开始养猪，城里人对猪肉大量需求，个体肉贩产生，16 岁的宋吉亮揣着 80 元本钱，做起了贩卖猪肉的生意，赚得盆满钵满。眼看着做猪肉生意的人越来越多，他又发现，人们选择出行的方式改变了，于是转行开起了敞棚车。当敞棚车在进入炽热化发展的时候，时间已经大踏步地迈进了 1999 年，绵广高速，一条向北出川的大通道开始建设，新的机遇应运而生，宋吉亮手提金桶，闪亮登场。

　　2002 年剑阁县城搬迁，他顺利杀进房地产市场，完成了上亿财富积累。

　　我注意到，他对家庭财产的分配有种共性中的平衡。他的两儿两女，每个人名下一个酒店，各自经营，互不干扰，公平合理，这就免去了无事生非的财产争夺大战。自己名下的两家公司，主动权掌握在他的手上，不受子女干扰，给自己营造了一个清净、宽松的经营环境。

他现在可以说是顺风顺水，儿孙满堂，一家人过上了非常富有的生活。

让我们回头再看宋吉亮，他从一个低文化的普通劳动者，在改革的浪潮中抓住了每一次机会，在社会大学校中历练成长，成功摘取农民企业家桂冠。在精准扶贫中，又积极主动参与到这场史无前例的伟大战役中去，出资出力做贡献。

他用行动证明了——幸福是奋斗出来的！

第六章　清江村

　　到清江村时，正值稻谷成熟的季节。放眼望去，金黄的谷穗搭肩咬耳地拥挤在一起，以最美的姿态堆积成一片金色的海洋，就像为大地铺上了一层华贵的黄金地毯，富丽堂皇。金色的村庄里，一栋栋白色小洋楼错落有致地掩映在平旷幽深的密林之中，若隐若现，宛如天上人间。阡陌相通的进村入户路，就像一条条跳动的动脉，蜿蜒盘旋地将分布在田野上的小洋楼连接在一起。种类繁多的瓜果蔬菜从院墙内探出头来，在风中摇摆，呈现出醉人的美好。村里村外，鸡犬之声，此起彼伏，交错迭起，不绝于耳。置身于这样的田园美境，让人晃若一头撞进了桃花源，欣喜若狂，不知所措。

　　望着眼前的醉人风光，让人很难相信在新中国成立之前，清江村是一个只有 60 户人家、100 多亩土地的小村庄。

我到清江村探访时，为了更加清楚地梳理出这个村庄的历史脉络，我特意拜访了清江村的老书记——90岁的景泽生老人。他说：白田坝在剑门天险的护佑下，少有战乱，清江村的老百姓生活得也还算安定。听老人这样说，我特意查阅了金牛古道的行走路线，它从成都到绵阳沿着剑门关山脊翻越而过。因此，地处山脚下的白田坝就成为无人打扰之境的世外桃源，这让清江村人有了相对安定的生活。但在旧社会，由于生产方式落后，清江村人还是过着饥饱不均的生活。老人说的没错，因为我的父亲也曾经对我讲过，我的爷爷原本是白田坝渡口有名的造船匠人，他凭借高超的造船技术，有着日进斗金的收入。据说收银子都是用麻布口袋装，可见那时我的爷爷是多么阔气和富有，父亲也因此一度过上了非常舒适的生活。但由于当时社会腐败黑暗，西方列强乘虚而入，向中国输入大量鸦片，我的爷爷也深陷其中，很快就败光了全部家产。年幼的父亲只好离开私塾，给别人放牛维持生活。这件事在这次探访中得以印证，当我与景泽生老人谈起我父亲时，老人记忆深刻，并证实我父亲在李树之家放牛讨生活之事。

　　在老人的讲述中得知，1986年清江村只有300多户人家。

　　时代的变化来得如此猛烈，到了21世纪的今天，清江村现有户数520多户，人口2300多人，5个村民小组的村民都紧靠清江河边的平旷土地集中居住。

清江村历任村书记名单：

第一届：杨富国

第二届：景泽生

第三届：范继文

第四届：王志礼

第五届：曹学勇

第六届：曹明伟

第七届：李菲

清江村现任村"两委"班子成员名单：

第一书记：白凯文

书记：曹明伟

主任：曹志奇

文书：杨玲香

曹氏祠堂，一个家族的百年历史

听赤化人讲，曹氏祠堂是赤化镇家族文化的代表，我便有了要前往探访的强烈愿望。真好，在一个秋高气爽的季节，我拥着蓝天白云，在曹家后人、现曹氏族长曹志北的带领下，来到了清江村曹氏祠堂，探寻一个家族的百年历史。

一

与清江河迎面相望的曹氏祠堂，背靠山梁，绿树环绕，一看就是一块难得的风水宝地。进得正门，一个大约 50 来平方米的厅堂就呈现在眼前，厅堂正前方是曹氏家族先祖牌位。厅堂左右两边各 3 间小厅房，左手边的小厅房内是 20 孝图，右手边是曹家先人篆刻的碑文。

借着灯光，仔细阅读碑文。从碑文中得知：洪化初，先祖曹世奎迁移清和里富乐坝（即现在清江六队）罗家院创业，垂绪原配文君生三子，长子曹国政、二子曹国泰，三子曹国安。

根据碑文记载，我在网上查阅了这段历史："明末清初，顺治帝为夺取全国政权，先后起用三边总督洪承畴、山海关总兵吴三桂等明朝降将为其开路打先锋。康熙即位后，吴三桂、耿仲明、尚可喜作为'有功之臣'分驻各地，论功受赏，史称'三藩'。三藩各有重兵，分据地盘，在用人、征税、铸钱等方面各自为政，俨然是三个独立小王国。'三藩'都曾铸钱，其中吴三桂铸'利用通宝''昭武通宝'。后来，清政府为维护全国统一，下令撤藩，吴三桂举旗反清。1678 年吴三桂病死后，其部将拥戴吴三桂的孙子吴世番在贵阳袭号，改元'洪化'，并铸'洪化通宝'。1681 年清军攻破昆明，吴世番自杀，延续 8 年之久的'三藩之乱'被平定，三藩钱也随之消亡。"

我之所以要将这段历史原封不动地摘抄下来，是要曹家人了解这段历史，知道先祖的来龙去脉，以便更好地将家族文化传承下去。

在曹志北家中，通过曹氏后人讲述，我将曹家历史脉络进行了梳理，并整理成文。

二

随着时间推移，原配夫人文君所生的 3 个儿子：长子曹国政、二子曹国泰、三子曹国安一天天长大。按照中国传统习俗，儿子大了，成家立业的时间也到了，按先祖惯例分家独立门户，承担社会责任和家庭责任。

丰盈湍急的清江河，为沿河两岸的百姓提供了便利的水运条件，白田坝也因此在清江河上修建了水码头。水运的畅达，让上下商船，来来往往，络绎不绝，这为紧靠清江河码头居住的曹家带来了不少商机。

等到分家的时候，长子曹国政精明，分得了靠码头的田地，也就是现在的一队。二子曹国泰聪慧，要了一块现成的肥地，也就是现在二队的田地。到了忠厚老实的三子曹国安面前就没有地了，父亲只好将三队的茅草地划给了他，让他自己开荒种地。这就是后来曹家人叫的大房、二房、三房。

三兄弟成家立业，繁衍生息，有了子孙后代，人口不断增加，曹家的势力也逐渐壮大。为了团结曹氏家族，传承家族文化，三房曹国安在嘉庆十二年修建了曹氏祠堂，将各房的土地面积和地界按照长幼顺序依次篆刻于碑文之上。并在祠堂供奉曹氏家族祖先，撰写曹氏家训，立下曹氏家规：每逢第三年的农历七月半这天举办一次"亡人会"，祭奠先祖。

在经商重文的家族文化影响下，到了清朝年间，曹家人出了老爷，名为贡生。桃园三涧花碑上篆文贡生本名曹典，书名曹世英。

沧海桑田，时跨百年。随着曹氏家族不断发展壮大，小小清江村已经无法满足庞大的家族发展，曹家人开始有序迁徙到附近村落居住。乾隆三十三年，曹文炳在老昭化买了一个水码头，据说购买水码头的契约现在还保留在曹文炳后人手里。得知这一信息，我请现任曹氏族长曹志北帮忙联系，看是否可以拍张照片，一睹百年前契约的尊容。但其后人在房屋改造过程中连续搬家，也弄不清楚该契约存放于何处。非常遗憾，我也因此未能如愿。曹家人还说，现居住在白朝乡的曹姓人家都是曹氏家族迁徙过去的后人。

三

说来也是风水轮流转。虽然大房、二房要了最好的田地，但终究没有三房出的粮食多。到了清朝末年，三房出了一个曹大爷，由于曹大爷做事果断，豪迈爽气，很快就成为清江一带的地方势力，就是过去所说的袍哥人家。

曹大爷虽是袍哥人家，但非常重视文化。他分别在曹家祠堂和南华宫开办了学堂，聘请私塾先生教清江河两边穷苦人家的孩子识文断字，学习私塾礼仪，深得这一带百姓认可。

今天，曹氏祠堂在后人的维护下保存完好，曹氏家族依然还在延续着每逢第三年的农历七月半这天举办一次亡人会，祭奠先祖。

风清气正的家风，让曹家人兴旺发达，长盛不衰。在时间进入 21 世纪的今天，曹家依然是人才辈出。

五千年文明，三千年历史，中华文明，从未断流。是的，历史所孕育的中华优秀传统文化，是中华民族取之不尽、用之不竭的精神财富。无论是《周颂》《大雅》《老子》还是《庄子》，都无不凝聚着民族认同的"共同记忆"。曹氏祠堂正是在不断延续着家族"共同记忆"，让大文明和小文明连接传承，汇聚成中华文明的海洋，让华夏大地熠熠生辉，光芒万丈。

祭拜红军墓

在一个风轻云淡的秋日，我在曹氏后人曹志北的带领下，来到清江村三组、曹氏三房家族墓地，祭拜安放在曹氏祖坟林里的红军战士。

掩映在竹林之中曹氏祖坟林，芳草萋萋。

历史的光芒，从来都是气壮山河，英勇的红军战士在这里已经静静地躺有 84 年了。我匍匐于红军战士的墓前，怀着无比崇敬的心情祭拜躺在大地怀抱中的英雄，静静地聆听着感人的红军故事。

1935 年初，红 31 军为了阻击国民党军队，徐向前元帅带领部分伤员从苍溪行军到老昭化绕牛头山到大朝，上二郎山，走沙坝，从剑门关背后到白田坝驻军，对伤员进行治疗休养。中国工农红军的进驻，深受当地老百姓拥护和爱戴。曹大爷更是主动组织曹家人将曹氏祠堂捐献给红军作红 31 军医院，用来治疗伤员。

历史的记忆是如此深刻。在前往小红军墓地祭奠之前，我特意拜访了当年的小孩、今年 90 岁的景泽生老人（出生于 1931 年）。他说："红军之所以选择绕道进驻赤化，是因为赤化不但有剑门天险护佑，水路畅达，封闭且交通方便，很适合伤员休养。"

经过 28 天休养治疗，伤员们的身体全面恢复。然而让人悲痛的是，有一名姓丁的红军战士（据老人讲，这名红军战士还是连级军官）将自己年轻的生命永远留在了白田坝。得知这一情况，曹明清的爷爷曹义生毫不犹豫地将为家里老人准备的一口上好棺材捐献给红军，用于安放红军战士的遗体，并请求将红战士的遗体安放于曹家祖坟林。

我要说的是：曹家从洪化初年迁移至清和里富乐坝创业，经商重文，严正家训。良好的家庭文化熏养，让曹氏家族在短短几百年间就兴旺发达起来。红军进驻白田坝后，曹氏族人又亲眼看见中国工农红军为了救劳苦大众于水火之中，奋不顾身，不惜牺牲生命的英雄壮举，深受感动，主动捐献棺材，安放为革命牺牲的红军战士，将家庭文化延伸到对国家的深情大爱，为曹氏族人注入催人奋进的精神力量。

红军井

祭拜完红军墓，我又来到清江村三队戴义贵家门口红军井旁边仔细阅读碑文记载：

红军井位于广元市利州区赤化镇清江村 3 组，北距村委会100 米。井深约 10 米，手摇式井。1935 年，红军当时在曹氏祠堂（红军医院）用水相当困难，在此处深挖一口井，供给医院使用。解放后，当地人就叫红军井。该井提供了当年红军在这里战斗和生活的实物佐证。

听曹志北讲，这口井是红军进驻后挖的，主要是为了方便照顾伤员用水。挖掘这口井，解决了红军一个团的吃水问题。红军走后，附近的老百姓都在这口井里打水吃。这口井摇把原本是木头做的，后来人们将它换成了铁摇把，并一直用到2010年以后，家家户户吃上自来水，才将井口封存并保留。

我抚摸着斑斑锈迹铁摇把，仿佛看见还在井边打水的红军战士，因为他们，才有了井水的甘甜。

幸福水库

新中国成立后，为了提高农业生产，保证水利灌溉，举国上下开始大兴水利。响应号召，积极行动。1958年，清江村开始在一组的山谷中修建水库。短短一年时间，一座以农业灌溉为主，兼有防洪等综合效益的水库修建完工，1959年正式投入使用。它就是我眼前这座碧波荡漾的幸福水库。

该水库灌面积为500亩，保证灌面为300亩。这座具有时代意义的幸福水库，解决了清江村500口村民生活用水问题和800亩耕地的灌溉问题，是一座真正意义上的幸福水库。

幸福水库是我在赤化镇走访新中国成立后修建的水利工程中最大的一座水库。该水库借助清江村群山之间的胸襟，在开阔的下游做了拦截大坝，储蓄水源。水库两边峰峦叠嶂的群山，就像一对张开的臂膀，将水库紧紧揽在怀里。翠绿的群山，将收集到的水源顺着臂膀之间的沟壑，源源不断地送入怀抱中的水库，为水库提供了丰富的水资源。宽阔坚固的大坝，拦截了山上流下来的每一滴水，保证了蓄水量。左右两边的泄洪道，既能为清江村百姓提供日常生活用水，也能在雷雨季节及时泄洪，保证大坝安全。事实上，像这样的水利工程，在中国农村随处可见。

在我抵达幸福水库的时候，正值5月最后一个周末，宽大的湖泊由近至远地从我眼前延伸到峡谷深处，给人以无尽的遐想和悠远的思索。碧波荡漾的湖水与翠绿的青山相映生辉，构成一幅绿水青山间的生态川北山水画。自然美景和人文美景让我如痴如醉，不舍移步而去。

望着眼前的宏伟工程，我不禁感慨万千，勤劳伟大的中国人民，从尧舜时期就从来没有停止过兴修水利、造福人类的脚步。

今年春天，时逢插秧季节，久旱无雨。水库的大量储水，通过工人水渠，一路欢快地奔向下游，解决了清江百姓等雨插秧难题。

阳光明媚插秧忙。原野上，人们正欢快地将一棵棵秧苗插进希望的田野。看着迎风飘扬的小秧苗，我仿佛看见了金光灿烂的秋天。

走近幸福新时代

今天的清江人，在各级党委政府的关心关怀下，已经迈步走进了幸福新时代。

2006 年硬化了村组道路。

2009 年定位为工业园区。

清江村现有成规模的产业共有 5 户。

一队的曹志飞、曹志建两兄弟合伙养猪；曹志连养猪；六队的韩龙养猪；六队范文明承包七队土地，发展果园 20 亩；六队张义德发展果园 30 亩⋯⋯

在我转身离开的时候，看见崭新的清江大道，车水马龙，一派繁忙，这就是新时代下的清江村。

第七章　幸福村

　　幸福村地处赤化镇东南部，紧靠泥窝社区和清江村。群山环绕，身处谷底，风景秀丽，民风淳朴。辖区面积6.9平方公里，有9个村民小组，计369户、1345人。辖区内地形以丘陵为主，有耕地620亩，村组公路10.5公里，渠系3.9公里，塘库、堰22口。党支部现任书记2人，下设党小组3个。贫困户28户、89人，于2017年全部脱贫。

　　幸福村原为长江村。1958年，县农业局在长江村修建了一个敬老院，取名为幸福敬老院。人民公社成立后，县农业局来检查工作，改长江村为幸福村，直到现在。

　　在我还未进入幸福村探访的时候，赤化人就对我讲，幸福村人为了打开一条通向山外的道路，几届村干部组织群众，出资出力，自发修路，耗时10年有余，终于打开了出村之路，改变了贫穷落后的面貌，是赤化镇唯一一个依靠群众自己脱贫，未被纳入精准扶贫对象的一个村。

一听这话，我就在想：这该是怎样一个村庄？又是一种什么样的力量，让他们像愚公一样，十年如一日，坚持不懈地开山辟路？带上这些疑问，我在一个雪花飞舞的冬日，驱车来到幸福村，探访真相。

初次见面

幸福村与泥窝村一山之隔，相临而望，它坐落在群山环抱的谷底，正是这样一个处在山凹中小村庄里的村书记们，他们为了打开山门，拔掉穷根，一届接一届地将修路的担子扛在肩上，耗时 10 多年，历尽千辛万苦，在悬崖峭壁上开凿出了一条通往山外的公路，让村民们走上了脱贫致富的阳光大道。他们发扬愚公精神书写出来的感人故事，被广为传颂。

为了探询幸福村人用钢钎铁锤书写出来的感人故事，我在一个雪花飞舞的冬季，开车穿过赤化镇，跨过富民大桥进入泥窝乡村公路，向幸福村直奔而去。

汽车一离开泥窝界限，就开始了爬坡。那是一个几乎要倾斜到 60 多度的陡峭山坡，对于一个习惯于城市开车的女驾驶员来说，这是件不容易的事情。虽然，公路的宽度足以让我的车轮向上旋转，但第一次开这样陡峭的乡村公路，我还是心有余悸，胆怯小心地向上行驶。

汽车在缓缓向上爬行。点点雪花，从空中飞落，为裸露的树枝戴上了洁白的花朵，就像着一袭长长披风的女子，优雅地站在雪花飘零的风景里，等待一场酣畅淋漓的浪漫之约。公路两边，雪染的森林和厚实的黑土地层层叠叠向上延伸，若隐若现地渐渐隐入茫茫群山。多美啊，冬日的山野，洁白的色彩，让我如此狂热地迷恋着广阔的自然。我小心翼翼地沿着山脊，将汽车开到山顶。这时，一个小水库在我没有任何思想准备的情况之下飞快地弹进了视线。雪花下的小水库，如同翠绿的宝石，镶嵌在山顶上。在探访赤化镇期间，我见过很多这样的小水库，它们都是新中国成立后修建的、用来造福于民的水利工程。我不由自主地将车停下，拉开车门，站在水库边向山下的幸福村望去。只见群山怀抱的谷底矗立着栋栋小洋楼，若隐若现地掩映在雪花之中，星星点点，就像折叠在谷底的银河系，那么让人迷恋和神往。我是如此惊叹，在这片红色的土地上，每一个村庄看似相同，但却又不完全相同。相同的是，它们都是生长在这片红色土地上的村庄。不同的是，这些村庄都在用自己的方式书写着感人的赤化故事。

梦想时代

在这个雪花飞舞的冬日，在村委会办公室，一场动情的讲述拉开了幸福村的故事。

新中国成立之前，清江村和幸福村原本是一个村，两村与赤化镇隔河相望。

他们说：过去出去真的很难。夏天过河依靠渡船，冬天过河就搭木板桥。要想最快过河就是踩水，但又非常危险，真是隔山隔水又隔河，那时的幸福村人不幸福。幸福村做梦都在想，要是在清江河上修座桥，那该多好啊！

就在他们望眼欲穿的当头，1992年，省财政厅退休干部、从赤化镇走出去的老红军尤胜奇回乡探亲，看见家乡交通现状，非常揪心。由于尤老红军的外公外婆是幸福村人，从小在幸福村长大，见此情况，他从省财政厅拨款20万元，在清江河上修了一座3米多宽的钢筋水泥利民桥，也叫矮子桥，解决了沿河两岸老百姓的出行问题。矮子桥也因此成为清江河上的第一座桥。

矮子桥虽好，但紧贴河床，遇上冬天枯水季节，河水回落，矮子桥很好用。但是到了夏天雨水季节，河水暴涨，矮子桥被洪水淹没，就没法过河了。

什么时间才能有一条通往山外的公路？什么时间才能过上真正意义上的幸福生活？这是幸福村人一直以来的梦想。

开山辟路的决心

相信所有的等待都不会是无边无际，相信所有的期待都不是没有尽头。

20 世纪 80 年代初，包产到户，解决了口粮问题，但出行难仍然是幸福村人最为头痛的事情，怎么办？

开山辟路的决心，从未停止。在第一任书记杨贵科的规划下，幸福村人从最容易的路开始一点一点地修，一步一步地向前推进。这样的修路办法，进度虽然缓慢，但点燃了幸福村人的希望，为修路接班人开了一个好头。

时间很快到 1995 年，杨贵科任期已满，村民们又推选魏荣为村书记。大家之所以推选魏荣当村书记，主要是觉得他年轻，有头脑、有魄力，能将修路的担子扛在肩上。

第二任书记魏荣

村民们没有推选错，魏荣果然不负众望，一上任就下定决心：接过第一届书记杨贵科的担子，扛在肩上，继续修路，打开幸福之门。

可说来容易做来难。真正干起来才知道，要在崇山峻岭的岩石上硬生生地用人工凿出一条路，那是谈何容易。

没有退路，再难都要凿出一条路来。

他做的第一件事是：召集了 9 个村的村民小组近 400 户、1000 多人的动员大会。

在动员大会之前，魏荣想的是：包产到户多年来，村民们习惯了各家干各家的事，动员大会很可能会面临诸多困难。他都想好了要做一场激情昂扬的演讲来动员家家户户利用农闲时间投工投劳，开山修路。他甚至想到了一次不成，就来第二次，二次不成再来第三次……直到村民们同意修路为止。

可让魏荣万万没有想到的是，当他把修路的想法提出来后，乡亲们是二话没说，愿意集体投工投劳，开山修路。

村民们对修路是没得话说，可是，新的问题又接踵而来。

现在，土地都分下户了，修路就意味着要占村民们的包产地，占包产地就要给占地户一定赔偿款。问题是包产到户后，村里没有了集体经济，拿什么来赔偿？带着这个问题，魏荣开始利用晚上时间挨家挨户做占地户的工作，和占地户签合同，给占地户承诺，将自己每月 35 元工资先垫上当占地补贴，余下占地款再想办法补上。他的这一举动，让村民们大为感动，觉得他是在做造福子孙后代的大好事，纷纷表示支持理解。

每月35元的工资，对于如此浩大的修路工程来说，也只是杯水车薪。

常言道：只要有决心，铁棒磨成针。

魏荣亦是如此。他注意到，每年从正月初一到正月十五前往云台山赶庙会烧香敬佛的人特别多。他觉得，烧香敬佛之人，定是大慈大悲之人。何不在这个时间段去募捐呢？说不定那些烧香敬佛的善男信女们也会大发慈悲，每人捐个三五元钱的，积少成多不也是一件很好的事吗？

从那以后，每年的正月初一，人们都会在云台山看见魏荣和村主任杨子龙的身影，他们既不是香客，也不是敬佛者，而是来为修路募捐资金的。一元两元，三元五元，一个正月下来也有三五百元钱的募捐款。

接着，他又找到了村里的老教师杨生云，请他在教师中帮助宣传，看能不能帮点忙，集点修路资金。没想到，老师们一听说是集资修路，纷纷慷慨解囊，几天时间就集资了1600多元。魏荣记得最清楚的是：有一名叫做孙国光的老师，不仅自己捐了，还动员家庭成员捐款了100元。而魏荣自己，几年的工资1600多元一分都没有领过，全部都用来垫资修路了。积少成多，水滴穿石，他就这样一点一点地募集资金，日复一日地投入修路。魏荣一心为老百姓办事的精神，感动着幸福村人，村民们修路的激情空前高涨。

那热火朝天的场景，至今都还浮现在他的眼前，挥之不去。

他动情地说："记得那时，每天在山上修路的有好几百号人，挖的挖，抬的抬，那场景真的是壮观啊！"

梦想的翅膀

弯弯曲曲的山路，爬坡上坎不说，还都是坚硬的岩石。在这样的环境之下，全靠人工一锄一锄地挖。石头土块全靠人工一背一背地背，修路的艰难困苦，自不言说。但村民们迫切需要打开一条通往山外的通道，发展经济，改变生活，这给了他们无穷无尽的动力。

记得有一次修桥，村书记一声号令，几百号人集体上阵，主动分工。打水泥的打水泥，拌料的拌料，抬石头的抬石头，自觉拧成一股绳，捆成一股劲，仅一天时间就用了10多方混凝土，打通了近10米长的桥梁。

逢山开路，遇水架桥。经过两年不懈努力，终于在陡峭的山崖上打通了一条通往山外的道路。虽说是条坑洼不平的泥巴路，但也在很大程度上方便了村民们出行。

路通了，逐渐有商贩开着大卡车来收购村民们饲养的家禽牲畜类。村民们也开始陆续购买载重自行车，将自家地里生产的瓜果蔬菜用自行车驮运到附近场镇去卖，增加经济收入。村民们也开始有意识地发展副业，搞种养殖发展经济。有的家里一年养两三头肥猪，卖钱增加收入。有的家里在田边地头栽种果树，卖点水果，补贴家用。

梦想，为幸福村人插上了飞翔的翅膀。

时间长了，幸福人逐渐感觉到：泥巴路是晴天一身灰，雨天一身泥，太难了。自行车载重容量有限，很难提高货物运送量，导致产业发展缓慢。还有就是村组路不通，村民们饲养的家禽类也要用肩挑背扛送到公路上，交给前来收购的商贩。运输成本高不说，还非常辛苦。村民们发展养殖业，也只是三五头猪或是几十只鸡鸭，受运输限制，无法扩大规模。

这些新的问题让魏荣觉得，要想让村民们发家致富挖穷根，还有很多事要做。可是看着眼前破败不堪的学校，他觉得应该把眼前最棘手的问题彻底解决。是啊，孩子是幸福人的未来和希望，只有让孩子们学到更多的知识，才能改变命运。

魏荣又开始动员老百姓集资建校。在他的动员下，村民们共募集资金22万元，修建了一楼一底，可容纳200人到300人的小学。学校共计8间教室，两间办公室。新学校的建成，解决了幸福村孩子上学难问题，为培养下一代提供了良好的学习环境。

第三届书记接过担子，扛在肩上

愚公移山，子子孙孙无穷无尽。幸福村人正是发扬愚公精神，路不修通，誓不罢休。

2001年12月，二任书记魏荣任期到了，王洪林从二任书记手中接过担子，扛在肩上，继续修路。

王洪林上任后要做的是，将泥巴路铺成水泥路，让村民实现晴天雨天都赶场的愿望。

可说来容易，钱从哪里来？

怎么办？万般无奈的王洪林想，募集资金是一条路。

要想一炮打响，向老百姓募集到第一笔启动资金，必须将工作做细致，做扎实。作为村书记的王洪林知道，党员是群众的榜样，起带头表率作用，只要党员带好头，群众就会跟着党员走，事情就容易成功。于是，王洪林首先组织党员干部带头捐款。然后与党员干部利用晚上时间到各家各户拉家常，做工作；走进村里德高望重的老人家里，利用他们的威望起积极带头作用；来到积极参与集体事业的青壮年家庭，请他们给予支持。

做完这些工作，接下来就是开动员大会，造声势、立誓言：向幸福村人保证，在5年任期内将泥巴路变水泥路。王洪林激情昂扬的演讲再一次触动了村民们修路的共同愿望，当天现场就收到募捐资金 1 万多元。

最让王洪林感动的是：他原计划是全村每人集资 100 元，预计能募集 3 万多元左右的资金，但这次演讲却募集了 5 万多元，这是一笔不小的数字。

几年中，在幸福村人的共同努力下，水泥路还剩最后 10 公里，看着村民们为修路付出了那么多，王洪林再也不好意思麻烦村民们募集捐款了。

一天，王洪林来到了利州区重点工程建设办公室，把幸福村自筹资金修路的情况给相关领导作了汇报，领导们为他们坚持不懈修路的精神感动，破例给幸福村下拨了 5000 元资金，支持修路。

转过身子，王洪林又来到时任镇长康志成办公室，请求组织帮助。康志成带上他来到了区建设局局长顾勇办公室说明情况，建设局最终解决了 10 吨水泥。顾勇通过了解，得知他们是代代接班修路，真不容易，又主动送上 20 吨水泥打路。时间长了，顾勇了解得更多了，又陆续解决了 10 吨水泥，支持修路。

说起那些日子，王洪林记忆如昨，他说：在那些个修路的日子里，除了打路，监督工程质量之外，就是每天四处求情下话要水泥，晚上挨家挨户做工作募集资金，但凡是能求的人一个都不放过。赖成明是从幸福村走出去的创业青年，在成都有很大的产业，每年春节都要抽时间回家看望父母。王洪林就利用赖成明回家探亲期间去做工作，希望能得到他的支持。赖成明为他们那种一心为村里老百姓做事的精神感动，再加上他自己也想为村里的老百姓做点好事，就买了水泥送到工地。

王洪林长长吸了口气又继续说："修路难，难的不仅仅是资金，还有队与队之间的协调关系。在修五队路时，要占四队村民的包产地，四队的人就不让五队的人去修路。白天，两个队的人为修路的事相互对骂，寸步不让。晚上，王洪林买上酒提上菜，带上四队队长曹明学挨家挨户赔情道歉请求原谅，做思想工作，请他们为了子孙后代，为了大家能过上好日子，相互退一步，让一让，共同努力把路修好。"

虽然在打路的道路上困难重重，但王洪林还是在任期内实现了他为村民许下的诺言，将泥巴路打成了水泥路。

主干道从原来的宽 3.5 米扩展到 4 米。道路的硬化，大大方便了村民们出行。幸福村人依托畅通的交通往来，大力发展副业，增加经济收入。没过多久，村民们便陆续地买了摩托车和电动三轮车方便交通出行。

经济条件的改善，日子越过越有盼头，幸福村人开始修房理屋，改变家庭环境和住房条件，村民们的日子逐渐好起来了。

第三任书记是马兆双，主要是组织"5·12"汶川大地震之后的灾后重建工作。

有好几家的土墙房子倒了，灾后重建中帮助村民修建了新房。

在灾后重建中打通了二组路面。

乡村公路连接成网

时间在大踏步地向前迈进。

2011年，新一轮村委会改选，曹明全被村民们推选为第五任村书记。

曹明全一上任就赶上了好时代，国家大力振兴乡村建设，实施"金土地"改造项目。改造土地，垒堤垒坝，实施保土工程。修建了三坪塘，硬化了6.5公里的机耕道路，实现了村组道路畅通。

有了国家好政策，幸福村人真幸福，所有道路硬化都是由国家项目资金完成，再也不用村民们集资修路了，更不用投工投劳做着免费的义务劳动，而是在家门口参加项目建设，打工挣钱。

为了让幸福村人生活得更加幸福，2012年，曹明全看见一队到剑阁县只有300米距离，但被一条响水沟阻隔，形成了看似两地相邻但又无法往来的困窘。他想，若是能打通连接剑阁县的道路，那么幸福村的老百姓向东可以翻过山就到宝轮，然后直达广元市区，向西可以与剑阁交往，这样就更大限度地方便了老百姓出行办事。于是他找到时任镇长张玉全，将自己的想法和张玉全进行了一个全面交流。

张玉全一听，非常支持他的想法，于是想办法与剑阁县进行了沟通协调，并很快将这条道路的修建列入项目资金，上报区建设局。

不到一年的时间，这条300米长的道路就修建完成，并在响水沟上搭建了一座连接幸福村与剑阁县的响水沟桥。

道路的畅通，土地的改良，让老百姓的干劲更加十足。原本就勤劳的幸福村人更加努力地在土地上找门路，开始种植经济作物。幸福村人的生活是芝麻开花节节高，村里人开始陆续买小轿车、货车，做生意、跑运输。

日子好了，村里人陆续将孩子送往镇里的学校或是城里教学质量更高的学校读书，让孩子接受更好的教育，幸福小学的学生也开始逐年减少。

很快，曹明全4年任期到了。他没有辜负乡亲们的期望，将自己的全部心血注入到幸福村公路建设上，让村组公路连接成片，实现交通网线全覆盖的新局面。

听，汽车的鸣笛声在呼唤一个新时代的到来。

迈步走进新时代

新一轮换届选举，幸福村人选举出夏正俊担任第六任村书记、杨伟荣担任村主任的领导班子集体。

这是一个伟大的时代！这是一个只争朝夕不负韶华的时代。

精准扶贫，吹响了大国攻坚的嘹亮号角。利州区委区政府启动了3000干部包万户的扶贫工作，负责包带幸福村的单位是区政务大厅。

由于交通的便捷，村民都将孩子送往镇上小学或者是其他学校上学读书，幸福小学被闲置起来了，政务大厅将废弃的小学改造成村委会办公室，添置了办公桌椅，将会议室进行了全面布置，让村干部有了一个真正属于自己的办公区，村民们办事更加方便。政府又为21户贫困户每年解决3000元资金用于发展产业，帮助他们脱贫致富。

虽然幸福村的村民通过自己努力，改变了贫穷落后的面貌，但还有很多基础性建设需要投入。幸福村人是幸福的，随着国家对精准扶贫力度加大，幸福村享受到了国家好政策的扶持，基础设施得到进一步改善。

2015年，国家启动小水龙建设，修建了9口三坪塘、18口旱池，人畜饮水池2口，为100多没水吃的村民解决了吃水问题，安装了自来水，基础建设得到全面提升改造。

2016年修建并硬化入户路，实现了公路进村入户的跨越式发展，使得村民出行更加方便快捷。便捷的交通出行方式，让农村与城市的信息连接得更加紧密，幸福村人家家户户都买了电动三轮车，有30%的村民购买了小轿车，村民们的生产生活进入了一个崭新的时代。

紧接着，赤化镇人民政府投入4万元项目资金，修通了司马村的公路，将村与村之间的道路网线进行了连接，村与村之间的经济血液血脉循环畅达起来。

另一方面，国家项目资金的注入，激活了幸福村产业发展。村民们从随性搞种养殖业向科学施肥、科学喂养方向发展，大大提高了农业产量和种养殖业发展规模。

大国项目的注入，为幸福村人带来了新的福音。西城高铁占地支付的土地赔付款让村里有了一定的集体资金。有了集体资金，幸福村人医疗福利及乡村环境又有了新的变化。

村里用集体资金投资16万元修建了村卫生院，设置了专门的赤脚医生，实现了小病不出门、大病有医保的医疗福利保障。通过集体资金投资2万多元为村里的小桥安装上防护栏，实现了小桥流水、幸福人家的美好愿望。由于村办公楼房屋修建多年，屋顶漏雨，村里又投资20万元加强阵地建设，将办公室进行了全面维修，防漏处理。工作环境改善了，村干部每天到办公室办公处理日常事务，更加方便群众办事。

美化生活，从垃圾处理做起。修建了5个垃圾场，实现了垃圾归类处理。留住绿水青山，实现人与自然的和谐共生。

为了让老百姓及时了解党的政策，村里还出钱安装了广播。

定时播放新闻，宣传党的政策，引导老百姓做一个遵纪守法的明白人。

如今，幸福村人是越来越幸福，年龄一到，就能领上退休金，过上衣食无忧的生活。邓心繁老太爷高兴地说："今天的社会真好，过上了想都没敢想的生活，每天炒几个菜，喝点酒，糖食果品点心来加餐，还有穿不完的衣服。彻底告别了缺衣少食的生活。"现在，邓心繁老两口每月要领3000多元的养老保险，自己还要养头猪，种点菜，生活每天悠闲而自在。老太爷激动地说，他赶上了这个好时代，过上了好生活，是他人生最大的福分。

过上幸福美好生活的幸福村人要说的是：感谢国家的好政策，感谢本地的好领导，让幸福村变成了今天美丽幸福新农村。

生活幸福了，让老百姓的思想也转变了。邻里之间不再为田间地头的边边角角挣个你输我赢，吵得个天翻地覆。互谦互让，互帮互助，邻里之间和睦相处，已经成为一种文明生活新风尚。

在探访中，我亲眼见证了幸福村人从吃饱穿暖到自筹资金修路，最后依托党和政府让幸福村人实现了公路进村入户网线式连接，进屋不走泥巴路的幸福生活。这是幸福村的发展史，更是中国乡村的发展史。

新时代，让幸福村人又有了新想法。

继续加强基础建设，实现乡村振兴。还想把剑门关和幸福村的路接通，依托国家级 AAAA 级景区的大量游客，发展经济。计划再建个公园，闲暇时间跳跳舞、健健身，丰富文化生活，让幸福村人生活得更幸福。

展望未来，幸福村人明天生活更美好。

第八章　张公村

张公村位于赤化镇西北，距离赤化场镇 7 公里。全村共有 6 个村民小组，196 户人家，693 口人，其中男性 360 人，女性 333 人，党员 24 人，现有劳动力 450 人，其中外出务工 382 人，辖区面积 9.7 平方公里。张公村属于典型的卡斯特地貌，海拔 1100 米，森林覆盖面积 12000 亩，耕地面积 524 亩，适宜发展藤椒、高山蔬菜种植等特色产业。全村共有建档立卡贫困户 65 户，贫困人口 215 人，低保户 19 户 68 人，五保户 3 户。

村支"两委"制订了加强干部队伍建设、基础设施建设、特色产业建设发展等一系列方案，以通村通组路建设、水利设施整治维修、特色种养产业发展为重点，推进脱贫攻坚。坚持一户一策、因户施策，对 65 户贫困户实行个性化帮助，2017 年实现贫困村"摘帽"，贫困户全面脱贫。

现有文化惠民建成项目如下：

图书借阅：建有图书阅览室 35 平方米，内有图书 1650 册，涵盖文学、科技、教育、医疗卫生、少儿等多种类别图书和部分符合当地实际的特色书籍，实行免费开放、免费借阅。

报刊阅览：在图书阅览室设有报刊架，包括《人民日报》《四川日报》《广元日报》《广元晚报》等多种报刊，及时更新，提供政治、经济、文娱、教育等多领域的最新资讯。

收听广播：设有广播室 20 平方米，广播时间上午 7 点至 8 点，中午 12 点至 13 点。播放内容为各级广播节目、本村村务信息和应急信息以及农业技能、科普教育、致富资讯等宣传信息。

收看电视：通过直播卫星、有线电视、地面数字电视 3 种安装方式，确保农村群众收看中央、四川、广元等 16 个以上频道的电视公共服务。

观看电影：配有投影仪，满足播放电影需求。实施农村电影放映工程，每月为农民群众放映具有现代特色、农村气息、健康向上、风格多样的电影。

文体活动：建有文化活动室 50 平方米和多功能活动室 35 平方米，配备有乒乓球桌、篮球架、健身器材等体育健身设备及拉杆音响等，免费为广大农民朋友提供唱歌、下棋、书画、健身锻炼等文体需求。每周组织一次文化活动，丰富文化生活。

支部班子成员：

书　记：赵胜元

副书记：徐娟

委　员：杨正飞

监督委员会名单：

主　任：李寿生

委　员：雷　明　李长生

2008年5月12日汶川大地震发生后，中共中央组织在全党开展了党员自觉自愿交纳"特殊党费"支援抗震救灾活动。张公村蒙受关爱，共接收"特殊党费"援助资金74.6万元。其中，援建房屋倒损农户166户，计55.4万元；援建村级组织活动场所和党员现代接收站点1所，计19.2万元。

2014年，区国税局（局长是况兴波）包带张公村，配合赤化镇党委政府全面开展脱贫攻坚工作。张公村在国税局的包带下，实行一户一包代脱贫模式，61户贫困户由国税干部分别包带。包带干部指导贫困户发展生产，种植经济作物，养鸡养猪等副业生产。截至2017年6月，61户贫困户脱贫摘帽，全面完成脱贫攻坚任务。

2016年11月启动人畜饮水工程，2017年4月完工，整个工程耗时5个月。3万立方米的蓄水池修建在海拔1000米的高山之上，采集雨水收纳，囤积过滤消毒，安装入户，人畜饮水问题彻底解决。

2016 年初，启动 6 个村小组公路改造扩建工程，2017 年 10 月完成公路进村入户的整体目标。

2017 年，张公村集体收入主要由对外承包山坪塘、核桃基地入股、高山蔬菜园、土地流转构成，全年集体收入 21000 元，人均 31.3 元。

2018 年，在省级壮大集体经济试点村项目支持下，建设"张公石林观光生态康养休闲园"，引进公司发展乡村农业观光旅游，张公村集体经济实现多元化的增收途径，年总收益超过 5 万元，人均收入达到 80 元。

张公岭的由来

传说在明末清初，陕西太白山有对张公张婆夫妻，为接送他们的孩子文昌菩萨上学，每天从陕西太白山将文昌菩萨送至张公岭，文昌菩萨再从张公岭骑牛到剑阁去上学，放学后又骑牛回到张公岭，再回陕西太白山。久而久之，张公张婆感念这个地方勤劳、善良的人们，主动为他们传播了先进种植、养殖技术，教导这里的百姓团结、奉献、诚信、友善。后来，人们为了纪念张公张婆的善行，在此建立了张公庙，张公岭因此得名。

牛灯文化

我在张公岭村探访期间发现，张公岭村有个民风民俗——耍牛灯。这种原汁原味的民间文化，伴随着张公岭人的祖祖辈辈，一代又一代。直到今天，张公岭人依然在用耍牛灯这种独特的方式庆祝中国人最重要的传统节日——春节。

牛灯是车马灯的统称。人们在用木头雕刻的牛头、马头上面染一层黑色油漆，描上五官，制成道具，再把竹条编制成的牛马身上裹一层黑布，组装在牛马道具上，做成神态逼真的牛马模样。表演的时候，一人耍牛马头，俩人配合耍牛马身。表演者伴随着锣鼓的敲打之声，一边模仿牛马动作拆主人家为表演者摆的阵形，一边大声说唱。说唱内容丰富广泛，生动有趣。有描绘田间地头劳动场景的、有讲俊男靓女恋爱之趣事的、有吉祥之语贺岁祝福的。这种不加任何修饰的原生态说唱词语，真实地记录了张公岭人在田间地头的劳动场景和农户人家的日常生活状况。

耍牛灯的唱词极其丰富，例如：

正月耕地正月正，二龙抢宝拜观音；三月耕地菜花开，朝中状元坐中堂；四月耕地麦正黄，梦中哭祝对韩娘；五月耕地正端阳，雄黄造酒满缸香……腊月耕地又一年，前传后换表不完。

最后的吉利唱词十分接地气：

牛灯耍得圆，大水耕田摆得全，自从今日撤过后，吃得饱来用不完……

每年过年，张公岭人都会从除夕之夜起灯开耍，要到正月十五过完大年才收灯存放，等到第二年春节再起灯开耍。岁岁年年，年年岁岁，200多年时间里，张公岭人每年春节起灯耍灯，从未间断。

张公岭人说，耍牛灯还有两个传说呢。为了探寻牛灯文化传说的来龙去脉，我联系到张公岭村的书记，他带我找到了耍牛灯的第四代传人李树兵老人和第五代传人李德芳老人，请他们为我详细讲述了牛灯文化的两个传说。

传说之一：纪念接送文昌菩萨上学的牛

传说在明末清初，陕西太白山有对叫张公张婆的青年男女，家境贫寒，靠砍柴为生。据说，在他们砍柴的路上有个土碗大的小水坑，水坑里的蓄水仅够俩人每天到此休息时共饮一碗。这是一个神奇的蓄水坑，他们头天把坑里的水喝完，第二天又是满满一坑，从未干枯。

俩人每天一起上山砍柴，同路下山卖柴。天长日久，便逐渐产生了感情。

有一天，俩人砍完柴又回到水坑旁，又开始一边喝水一边聊天休息。这时，张公对张婆说："我们每天上山下山，形影不离，不如结为夫妻，岂不更好。"张婆认真地说："既然如此，那就各取血一滴，滴于此水坑中，血融则合，血散则否，顺天达意。"于是，俩人划破中指，滴血于水坑之中。或许真的是上天有意撮合俩人结为夫妻，两滴血在水中慢慢融为一体，变成了一条在水坑中来回游动的小虫。传说这条小虫就是他们的孩子——文昌菩萨转世。

随着文昌菩萨慢慢长大，到了上学的年龄。张公张婆每天从陕西太白山将文昌菩萨送至张公岭，文昌菩萨又从张公岭骑上竹马飞到剑门关去上学，放学后又骑着竹马回到张公岭，返回陕西太白山。竹马，即用竹子做的吹火筒。过去人们用柴烧火做饭，为了让灶膛里的柴火烧得更旺盛一些，就把竹筒中的竹节打通做成吹火筒。将竹筒的一头伸进灶膛，用嘴对着竹筒的另一头使劲吹火，火就会越烧越旺。据说这个用吹火筒做成的竹马能翻山越岭，腾云驾雾，日行千里。说有一天张婆烧火做饭时不小心把竹马烧坏了，没有了竹马，文昌菩萨不能上学，这可怎么办？情急之中，张公张婆只好用牛来代替竹马接送文昌菩萨上学放学。后来，张公岭人为了纪念这头接送文昌菩萨上学的牛，不但修了张公庙，还开始了耍牛灯，张公岭也因此而得名。

从那以后，每到大年三十晚上，领头人都要带上耍灯队伍到张公庙祭拜起灯，然后挨家挨户耍灯。得知耍灯队伍要来，主人家早就摆好了阵形。一进院，耍灯人就模仿牛马摇头摆尾的模样舞动，一边上下跳动拆阵耍灯，一边说唱生产生活中的逸闻趣事，共庆新年。

唱词无文字记载，没有唱本，都是代代口口相传的。

现在，张公岭村的张公庙依旧保存完整。

传说之二：扮太上老君坐骑青牛精扫除瘟疫

据说乾隆年间，陕西有个叫浪州的地方大批牛马遭遇瘟疫，给当地百姓造成了极大的恐慌，无奈的百姓认为这是妖孽在作怪。于是，当地老百姓想起了太上老君的坐骑青牛精。为了扫除瘟疫，降住妖魔，老百姓就用竹子编成牛马模样，用彩纸包裹，再模仿牛马熟悉的动作编排表演，扫瘟疫，降妖魔。

为了尽快降妖除魔，当地百姓还将牛灯队伍里的驴马分成黑、白、红三种颜色。把黑色驴视为张果老的坐骑，白色马视为赵子龙的玉兰白龙驹，枣红马视为赵金娘的爱马，意借神驴快马来助他们一臂之力，扫除瘟疫。

嘉庆六年，张公岭也出现了大批牛马遭受瘟疫死亡，惊恐之中的百姓听说陕西浪州耍牛灯能降妖除魔，很是灵验。于是，张公岭的先祖李如秀便前往浪州，学得耍牛灯这一技艺，后在张公岭广为流传。也是从那时起，耍牛灯就成为张公岭老百姓庆祝新年的本土文艺节目。如此算来，从嘉庆六年到现在，这个原汁原味民间艺术在张公岭流传已有 220 多年历史了。

真的难以想象，在时间进入 21 世纪的今天，通信网络已城乡全覆盖；道路交通网线，四通八达；乡村公路，进村入户。迅猛发展的通信网络设施，方便快捷的交通出行，让生活在新时代下的张公岭村人有了更加丰富多元的文化生活。

2017 年 6 月 24 日晚上 8 点，在赤化镇白田坝广场就举办了一场题为"声动利州"暨"红色记忆，活力赤化"的文艺晚会，上万群众观看了这场惠民文艺演出。现场人山人海，盛况空前。这场精彩纷呈的文艺节目持续上演了 2 个多小时，直到月落星稀，才曲散人离，尽兴而归。

张公岭人说，不管时代如何发展，社会如何进步，年年新年，张公岭人都不会忘记起灯舞灯。因为那是张公岭人的乡愁，是对远方游子的深情呼唤和对美好生活的祝福期盼。

耍牛灯传承人谱系：

第一代：李如秀，四川省广元市赤化镇张公岭人。生于 1773 年，于 1845 年逝世。

第二代：李忠正，四川省广元市赤化镇张公岭人。生于 1819 年，于 1890 年逝世。

第三代：李兴龙，四川省广元市赤化镇张公岭人。生于 1868 年，在 1935 年跟随老红军住赤化镇办事，老红军走后被当地地主恶霸打死。当时牛灯就放在了石羊坝红庙子，牛灯停了一段时间。

第四代：新中国成立后，1953 年，李树兵任大队长，郭林生任主任，又组织杨天发、董祥云、杨万德、苟天心等人整编后再次演出，每代都是新老结合。

第五代：李德芳生于 1946 年。李德芳为组长，耍牛头；李奉国、董文书、杨成华、唐木华负责打锣唱小曲；杨正兵、董祥志、高庭发、范正贵、苏培海、范禄负责跑豹、撒阵；杨玉春负责耍牛尾；郭学生、唐树元、郭富生负责耍马。

第六代：李发生生于 1968 年。李发生为组长，负责报吉利，唐树元报吉利；李成生、邱建平、苟立财、李长生负责唱小曲、打锣鼓；高庭发、杨建跑豹、撒阵；范术发负责打铁铁；苟立军负责耍牛灯头；唐成青负责耍牛尾；唐树华、唐映洪、李庭建、高德龙、李庭福负责耍马。

牛灯、马儿阵总共有 100 多种阵，牛灯的阵有十来种，马儿阵有九十几种。

牛灯阵有：大水耕田、犀牛望月、水草平安、大膳牛、老君倒骑牛及牛娃骑牛唱小曲、上茶山、上青山、绣包、桌儿放下等。

马儿阵有：马翻南山、驴子推磨、马跳稻子、十二杯酒、二杯茶、十二烟、五梅花、七莲灯、五鼠闹东京、九莲灯、将军挎印、大膳毛驴、金钱算命、绣罗洋桥、猛虎下山、王宝川住破瓦窑、五门朝山、金钱吊头、鲤鱼板标、太公钓鱼、平地起泡、海里捞针、大炮冲天、太子读书、美女梳头、小女儿打牙牌、李三娘卖水、卖饺子、卖汤团、一双元宝滚进来、一口井、马定长、天门阵、主家疼钱、马儿撒十二根香、马跳钱子、五湖四海、红领引狼、斤抱月、船爬山、大路阵、祝贺新年、百事阵、渴龙奔江等。

牛灯文化将如何保护

今天社会发达程度已远远超越任何一个时代。通信网络，城乡全面覆盖；公路进村入户，四通八达；巨大的信息容量浩荡而来，外来文化猛烈地冲击着这个曾经闭塞的小山村。村民们进入多元文化生活时代，审美情趣、艺术水准要求也发生了天翻地覆的变化。

2017 年 6 月 24 日晚 8 点，在赤化镇白田坝广场就举办了一场题为"声动利州"暨"红色记忆，活力赤化"文艺晚会，我前往观看了这场文艺晚会。刚刚落成的白田坝广场紧临清江河，广场面积达 7000 多平方米，广场内篮球场、乒乓球场、羽毛球场、健身器材等供老百姓休闲娱乐。那天晚上，包括赤化镇 8 村、2 社区总计上万群众来到晚会现场，观看了这场惠民文艺演出，可谓是人山人海，盛况空前。赤化镇人民政府还特意在晚会现场准备了啤酒、饮料等饮品供前来观看节目的群众免费饮用。

文艺演出分为鼓乐表演、独唱、舞蹈、小品、二胡独奏、乐队演唱等 17 个节目，演出持续 2 个多小时。舞台恢弘大气，绚丽华彩，60 多平方米 LED 显示屏变换着动感十足的流动背景画面。无论是从视觉、听觉、造型、文学、服装、美术、灯光来说，都具有强烈的时代感和非常高的美学效果。

如今，随着社会进步，人们生活条件越来越好，政府每年都会定期开展文化惠民活动，为老百姓送上一台精彩纷呈的文艺节目。外来文化的进入，开阔了村民的视野，丰富了他们的文化生活，村民们很喜欢紧贴时代气息的文艺节目。

牛马灯表演采用的是锣鼓伴奏、清唱表演，没有舞台设计和灯光效果。竹条和黑布裹制而成的牛马道具简单粗糙，表演形式模仿牛马的动作与当下人们的审美要求产生了差异，表演艺术与当代人的审美情趣拉开了距离。牛灯表演中的唱词内容，大都是叙述本土生活细节，劳动场景。表演形式以模仿牛马动作造型，配以锣鼓渲染气氛，歌舞之中带有浓厚的乡土气息，所以颇受当时人们的欢迎。但随着社会进步和发展，农业生产进入机械化作业，牛耕时代已经结束，生活在新时代下的村民对前辈们的生活细节已逐步陌生和淡化，很难理解唱词内容以及歌舞所要传递的人文精神。

一切艺术的兴衰都跟国运有着密切的关系。在这次探访中，我特意将牛灯表演的来龙去脉用文字记录下来，以备后人查阅研究整理，挽救这传承了200多年的地方文化。

自然风光

站在张公庙小院一角，遥望远方山脉，一尊自然天成的睡佛仰天而卧。千百年来，这尊青山绿水下的自然睡佛守望着这片生动的土地，护佑着生活在这片土地上的人们，保佑他们平安顺利，丰年吉祥。

闭目冥想，心随佛祖归于安详与平和。将十指合于胸前，默念一花一世界、一笑一尘缘、一念一清净，跳出城市的沉闷与烦扰。祈问仰天长卧的佛祖，今生是否结下无量佛缘，来生是否种下无边善缘。低头遥望山脚，缠绕在睡佛身体下的清江河，就像游动的莲花宝座，蜿蜒盘旋，逶迤而去。

沿河两岸，层层叠叠梯田在阳光的照射下若隐若现，一派乡村田野的美丽图画徐徐展开。镶嵌于绿海丛中的白色小洋楼如同散落在大地的繁星，光芒耀眼地折叠在群山原野之上。脚下的大片山林中，万木萌发，苍翠欲滴的松树茂密挺拔，那是生长珍宝的天堂。各种山珍野菌在一场春雨之后争先恐后地冒出地面，奉献给这里的山民。松菌、青冈菌、刷巴菌，品目繁多，目不暇接。珍稀药材有天麻、百合、柴胡、白芷，藏匿于灌木悬崖之上，等待采药人前来寻觅。松鼠前翻后跃，嬉戏顽皮。雌兔野鸡，你追我赶，跳跃山涧。

形态各异、黑如墨染的岩千石悠闲地散落在跌宕起伏的田间地头，守护着这里的村民。当地老百姓猜测，这漫山遍野的黑石大约是造山运动的结果。我在想，或许在亿万年以前，这里是一片汪洋大海，天崩地裂，海底石翻，改头换面，大海瞬间变为陆地。海底石经日晒雨淋，日久天长，逐渐风化，形成了今天的岩千石。如此说来，天崩地裂之后的海枯石烂，天地合一之后永结同心所造就的奇异景观，大约是可以在张公岭开眼一见的了。这里的村民还根据石头的生长形状，为它们取了形象生动的名字，磨盘石、箩筛石、牛头石……

村民们在岩千石中间种植了黑桃树、玉米、小麦、豌豆、红薯、土豆……黑绿相间的山间田野转瞬之间便充满了生命的力量。

一方水土养育一方人，人们顺应季节春种秋收。冬天翻弄土地，春天播下种子，秋天瓜熟蒂落。顺应季节变化生产劳动，根据土地厚薄种植粮食作物，土地给予了他们最厚实的回报。圆滚滚的桃桃，绿油油的豌豆，金灿灿的麦穗……疯狂而热烈地拥抱着张公村人。村民们明白，只要精心侍弄脚下的这片土地，就能换来丰收的果实。土地给予他们的安全与踏实，这是身居闹市的人群很难体会得到的。

新时代下的张公村，家家户户房前屋后果树上坠满了果子，发出诱人的香味。小菜园中的蔬菜在迎风生长，绿得诱人，翠得心醉。张公村就像一幅自然天成的画卷，白色的小洋楼、挂满果子的果树、迎风招展的玉米、绿得诱人的蔬菜……

自有乐游山涧翠林，烟绵碧草萋长的闲适雅趣。

曾经的张公岭人行路难、吃水难、挣钱难、就医难等问题早已成为历史。勤劳、善良的张公岭人充分发挥"张公牛"精神，主动抓紧抓牢脱贫攻坚发展机遇，实现了从典型的贫困村华丽转身的新局面，人们过上了梦寐以求的好日子。

如今的张公岭，道路交通四通八达，人居环境优美舒适，产业布局蓬勃发展，全村已经形成了核桃、高山蔬菜、滕椒等种植以及跑山鸡、羊、牛、蜜蜂等养殖特色产业。

今天的张公岭人正张开双臂，迎接更加美好的明天。

第九章 雷家村

雷家村位于利州区赤化镇北部高山，紧临张公村，翻过一个山梁便是白朝乡。因此，雷家家村算是距离赤化镇最远的一个村庄，它距离镇政府所在地 6.4 公里，平均海拔 920 米，辖区共 4 个村民小组，共有村民 140 户、540 人。辖区面积 7.5 平方公里，耕地 743 亩（其中田 247 亩、地 496 亩），林地 8000 亩，森林覆盖率达 75%。村内基础设施薄弱，无产业基础支撑，村民主要经济来源是外出务工和粮食收入，70% 以上的青壮年劳动力都在外务工，是赤化镇典型的边、远、高山穷村。

雷家村 2014 年认定为贫困村，首批建档立卡贫困户 51 户、174 人。2014~2018 年，村内人口自然增减增加贫困人口 3 人，截至 2018 年 9 月底，实际为 50 户、177 人。

雷家村"两委"班子成员：

第一书记：李　雄

书　记：范德均

主　任：杨万茂

文　书：刘汉霞

走进雷家村

前一天已经联系好中国农业银行广元利州支行派驻雷家村第一书记李雄，说好在宝轮镇农行门口等我和他一起到雷家村去。

按照约定坐上李雄的车，沿着流水潺潺的清江河，驰过平坦而宽阔的 108 国道，沿着乡村公路，盘山而上。绕过几道山梁便到了雷家村村委会，村书记范德均已经安排好今天的采访对象及村干部在村委会办公室等我。

说起村书记范德均，我们已经算是老朋友了。

还我记得去年到雷家村探访民间文化时和范德均交流过。他是一个文化人，特别喜欢书法艺术，而且书法造诣颇深。一个村干部能有这样的文化素养，是极其少见的，这对雷家村来说也是一件大好事。

他一听说我是专程前来探访乡村文化的，感到特别高兴，便非常热心地带我去参观了雷家村和张公村奇石。

顶着火辣的骄阳，一到山上，便看见满山遍野都是形态各异的黑石，有像五谷丰登的蒸笼石，有象征年年吉庆的年猪石，有像躲在石林中的乖乖马……遗憾的是，谁也无法弄清楚这些石头的来历。有的说是侏罗纪，有的说是造山运动，还有的说是海底礁石……对于各种说法，我也无从考证。不过如此大面积怪石，我还是第一次见到，也是大为惊叹。

而这一次的到来，范德均更是生怕漏掉一点有关雷家村的记忆，哪怕是一棵树。他说，在雷家村有两棵古树，一棵是岁月香樟树，一棵是千年古松，都各有特色，大不相同。据长辈们传说，两棵古树好像是一对夫妻，名为乾坤树。松树为乾，樟树为坤。既是如此神奇的两棵树，而我也乐于前往一探究竟。因为在岁月的流淌中，在时间的长河里，一棵树就是一个村最美的历史，雷家村的两棵树亦是如此，我怎么可以就此忽略于笔下。

于是，我迎着5月灿烂的阳光，寻着一棵树的气息，在范书记的带领下，前去探望一棵香樟树，倾听一棵树的千年吟啸。

探望一棵香樟树

汽车在弯弯曲曲的乡村公路上疾驰。

公路两边，一栋栋白色小洋楼前呼后拥地掩映在枝繁叶茂的树林中，若隐若现。层层叠叠的庄稼地里，绿油油的玉米正在迎风飞长，满山遍野，生机盎然。多么好，又是一年5月好风光。

沿着波澜起伏的乡村公路，穿过层层叠叠的庄家地，绕过一个山梁，我们一行人来到在四组一个叫樟木树岩的地方，见到了一直呼唤我的那棵树——一棵古老的香樟树。远远望去，参天的香樟树就像镇山法宝一般，牢固地扎根在雷家村四组的山梁上。

范书记对我讲：这是一颗神奇的树，听老一辈人说，这棵香樟树的树龄有近万年之久。历史上无人敢爬上此树，更无人敢在树上砍枝摘叶。因为，哪个方位的树枝折断一根，哪个方向就会死去一个人，且非常灵验，以至于无人敢去冒犯一棵树。据说，香樟树有时候还会发生神奇的叫声，高高低低，起起伏伏，如行云流水，如泉涧鸣山。那如歌如画的呼叫之声，让人不忍打扰。

居高而望，古树虽近万岁高龄，但却依然呈现出旺盛的生命力。繁茂的枝叶像擎天的绿伞，遮天蔽日地铺散开来，形成大片绿荫，霸道地护佑着张木树岩半壁岩石。

我踩过杂草丛生的石头阶梯，来到古树身边仔细查看，高大粗壮的树体大约需要4个人才能合抱过来。这是一株树中树。由于香樟树飘落的枝叶横挂在宽大的树体上，经过风吹雨打，日积月累便堆积成肥料。不知道从什么时间起，一粒天外飞来的种子便在树体上的肥料堆里生根发芽，繁衍出了新的生命，并茁壮成长。看着茁壮成长的小树，我很想知道这是一棵什么植物，居然能胎寄于别的母体，吸取养分，并心安理得地成长？但问过周边的人，谁也不认识这棵植物。既是如此，那么就让它与香樟树相拥共生吧。

环顾四周，古树旁边的农户人家早已搬走，只有脱落的土墙和长满杂草的小院不离不弃地守望着这棵古老的香樟树。古树与小院，成为樟木树岩一道独具特色的岁月景观。

望着枝繁叶茂的香樟树，我不由得对这片土地上的人民心生敬畏。他们对一棵树的保护，没有采取什么条条框框去强制性地限制一个人的行为，只是淡淡地赐予它某种神奇的力量，促使人们不去靠近它，让它长生于此，直至今日。

千年古松的吟啸

看过香樟树，在范书记的带领下，我又来到雷家村二组山林，探望一棵千年古松。

穿过几户人家，走过一片玉米地，来到二组的山脚下。

5月的阳光灿烂而不燎人，山野上的植被在温热的季节生发得愈发茂盛翠绿。是的，随着生活条件的改善，村民们都用上了电和煤气，少有人烧柴生火取暖做饭。处于无人打扰之境的群山原野，森林植被得到静静修复，生发得愈加茂密，以至于上山的小路都已被新生发出来的植被占领。范书记指着前方说，古松就在上面不远的山腰上。

我望着山腰上的前方，一边扒开丛林中的杂草和茂密的枝叶，一边小心翼翼地寻找着上山的小路，向上爬行。经过简短爬涉，我们一行人来到千年古松之下。

看着这棵千年古松，听范书记讲解它的传奇故事。他说："听雷家村的老人讲，这棵古松以前具有非常神奇的灵气，方圆几十里内的人家中若有不顺之事，都会自愿到此树焚香点蜡祭拜，求其保佑家人平安无事。到了清朝时期，当地有位手艺极高的画匠，组织周围群众在此树下修建了一座五显庙，塑了一位五显华光大帝神位。此庙修好后菩萨极为显灵，但奇怪的是，只能是男身可上庙祭拜，女身则不敢到五显庙周围行走。如若不忌，则要得上不可告人的疾病。"

听完这个故事，我不禁感慨万千。是啊，在那个贫穷落后的年代，百姓将未来生活祈于一棵树，那是一个多么无奈的举动！今天，人们再也不用祈求一棵树来护佑生活，一棵树的神话已经成为永远的历史。人人都赶上了好时代，在国家精准扶贫好政策的支持下，在当地党委政府的共同努力下，美丽的利州大地，已经发生了天翻地覆的变化，人们都过上了期盼已久的幸福生活，正在大踏步地朝着全面小康社会迈进。

发展之路

雷家村属于典型的卡斯特地貌。

南方虽然雨水充沛密集，但雨水通过岩层渗入地下，地面上反而没有积水，吃水是长期缠绕村们最为痛苦的事情。千百年来，村民们吃水都要到很远的地方去挑水。常常是淘菜的水用来洗衣服，洗脸水用来喂猪喂牛。遇见干旱天气，雨水稀缺期间，村民往往要花上好几个小时甚至半天时间去挑水，导致壮劳动力耗费在找水吃的时间上，这种不合理的劳动分配也成为致贫的一个因素。

"5·12"汶川大地震后的 2010 年，美国红十字会通过中国红字总会，利用三堆水库泄漏到雷家村的水源，援助修建了集中供水站，通过净化处理，解决了村民们吃水问题，现在家家户户都吃上了自来水。

改革开放 40 多年来，一大部分人都富起来了。但雷家村由于道路交通的阻塞，有 70% 的人群依然处于贫困阶段。

正在老百姓为贫困生活而发愁的时候，2014 年，精准扶贫的号角吹响，在这场史无前例的伟大战役中，政府为雷家村注入了 600 多万元的扶贫专项资金，打通了进村入户路，让雷家村的老百姓告别了翻山越岭、徒步出行问题。

2014 年开始进行道路改造，实现了乡村公路进村入户。村通公路的建成，解决了老百姓出行难问题，为山野插上了飞翔的翅膀。村民们开始依托便利的交通条件发展种养殖业，走上了脱贫致富的道路。

长期以来，交通闭塞，信息不畅，村民们发展之路一度显得有些迷茫。大家是有想法，但都不敢轻易谈发展产业。一方面是对市场行情不了解，另一方面是害怕万一亏本了怎么办？正在大家一筹莫展的时候，中国农业银行广元利州支行派驻的第一书记李雄来到了雷家村，在他的帮扶带动下，村民们顺利走上了脱贫致富之路。

将银行搬到村上去

我在宝轮农行见到第一书记的时候是提前约好的，他开车来接我一起到雷家村去。如若不是提前预约，知道他就是我今天要见的第一书记的话，我还以为他是一个地地道道的农民。是的，几年驻村第一书记，让他的身上有着挥之不去的乡土气息，淳朴而浓郁。

在雷家村村委会办公室，我听村民们讲述了他的驻村故事。

李雄到村的第一件事就是与范德均一起走村串户了解村民们的现状。通过走访得知，村民们看见路修通了，想要脱贫致富，发展产业的愿望非常强烈，迫于没有启动资金非常着急，知道有贴息贷款这一政策扶持，可是村民们对政策不了解，不敢轻易贷款。

这让李雄非常高兴，村民们有发展产业的想法，接下来的工作就好做了。

他觉得，应该让村民们先了解贴息贷款政策，做到心中有数，才会主动依托小额贷款大胆发展产业，顺利走上脱贫致富的道路。

李雄要做的第一项工作就是做好宣传工作。他将小额贷款优惠政策做了一个全面整理，印制成通俗易懂的宣传资料，带上银行工作人员，挨家挨户发放，宣讲贷款政策。第二项工作是与村干部一起组织村民召开村小组会议，邀请一些在村民中享有一定威望的带头人和年纪大的长者再给村民做进一步宣传，将党的政策渗入到家家户户，让村民们吃透政策，贷款期限，等等。第三项工作是利用农村广播进行再宣传。通过3个月的努力，多方面政策宣讲，老百姓吃透了政策，都纷纷表示要贷款发展产业，决心脱贫致富。

银行工作人员在为村民宣讲政策、让村民了解政策的同时，李雄在廉勤委主任带领下，对村民进行信用等级评定，以确定他们是否能将贷款到的全部资金用于发展生产。在与村干部们的共同努力下，他们为雷家村 51 户建档立卡贫困户设立了信用等级档案，让好事能够切切实实地在贫困户身上落地生根。

摆脱贫困是每个建档立卡贫困户的最大愿望。

多年来，由于山路阻隔、资金短缺让他们无法完成发家致富的愿望。今天，党的好政策就像一股暖心的春风，吹到了他们的心坎上。现在政策吃透了，产业发展方向明白了，贫困户们开始陆续找到李雄，办理贷款业务。

2016 年 10 月 24 日，杨正伦向银行办理了 4 万元贷款，赵福元、赵成元、范树刚 3 人分别办理了 3.5 万元贷款。

杨正伦用 4 万元贴息贷款购买了一辆货运车，每天拉沙石，跑运输，忙得不亦乐乎。大家看他每天喜颠颠地开着空车出去，乐呵呵地带着票子回来，腰包很快就鼓起来了，家里的生活也像芝麻开花节节高，日子过得是一天比一天好。村民们看见享受国家好政策能让自己富裕起来，余下的建档立卡户也争先恐后地找到李雄，要求贷款搞项目，谋发展。这让李雄非常高兴，这也正是他帮扶的目的和意义所在。

从 2016 年到到 2018 年 5 月 11 日止，短短两年时间，已经有 28 户建档立卡户办理了 3 万元到 5 万元不等的小额贷款发展副业，让雷家村脱贫产业形成了集体抱团发展的新局面。

现在，雷家村的产业发展可谓是如火如荼。先后有 28 人办理了小额信贷用于发展产业。其中最高的 5 万元，最少的 3 万元，总计发放小额贷款 105.5 万元。村民们纷纷利用小额贷款发展副业，有的养鸡，有的养猪，还有的种植大棚蔬菜栽种果树，大家纷纷在这块厚实的黑土地上开发致富的门道。

看着这片沸腾的土地，看着李雄脸上开心的笑容，我看到，在党的好政策的支撑下，在当地党委政府的坚强领导下，在驻村干部的共同努力下，雷家村 51 户贫困户、174 名贫困人口已相继脱贫，过上更加美好的生活。

第十章　冯家村

　　我 2018 年 12 月 29 日到冯家村去探访时天空正飘扬着雪花。

　　一出家门，飘飘扬扬的雪花就细细密密地拍打在脸颊上，融化在温滑的肌肤上，冰凉冰凉的。我拉紧衣领，开车穿过被雪花装点后的城市，翻过云雾缭绕的山梁，来到冯家村。站在村口，环山而望，层层叠叠的庄家地，顺着雪花飞舞的山梁，跌宕起伏地向山腰攀登而来。绵延不绝的群山，波浪翻滚地向天边奔涌而去。盘绕在山脚下的清江河水，顺着河床，轻轻缓缓地投进了江洋的怀抱。山与河的依偎，树与水的映照，让这个坠在山腰上的小村庄散发出气吞山河的磅礴气韵。

　　处在群山怀抱中的冯家村，曾经是一个交通堵塞、土地资源贫瘠、生产生活长期处于落后状态下的贫困村。2014 年，当精准扶贫的号角吹响后，冯家村也在当年申报核准为贫困村。经过短短两年扶持发展，冯家村于 2017 年彻底脱贫摘帽。今天的冯家村，户户都在发展产业，增产增收改变生活。人人都是致富能手，勤劳致富奔小康。老百姓的生活是芝麻开花节节高，一天过得比一天好。

爬上雪花飞舞的山梁，在冯家村村委会，我见到了村书记杨光莲，她已经安排好村支两委和村里的两位老人围坐在办公室的炉火跟前，等我前来梳理冯家村的历史脉络。

地理位置和人员结构情况：

距离赤化镇 5 公里处的冯家村，背靠张公村，紧临雷家村，共有 4 个村民小组，180 户人家，710 口人。辖区面积 8.6 平方公里，耕地面积 1150.68 亩，林地面积 8214 亩。2014 年锁定贫困户59 户，致贫原因属于因残、因病、子女上学等。

冯家村"两委"人员名单：

支部书记：杨光连（女），现年 55 岁，初中文化（任职经历：2001 年 10 月至今）。

村委会主任：李永松，现年 46 岁，高中文化（任职经历：2002 年 6 月至 2007 年 12 月任村文书，2007 年 12 月至今任村委会主任）。

村文书：徐永奎，现年 47 岁（任职经历：2002 年 1 月至2004 年 12 月任村委会主任，2004 年 12 月至 2007 年 3 月任村支部副书记，2009 年 11 月至今任支部委员，2012 年 7 月至今任村文书）。

村委委员：严永武，现年 56 岁（任职经历：2013 年 1 月至今任村委委员，2016 年 12 月当选镇人大代表）。

发展之路

在村委会，85 岁老人徐志吉和村"两委"的干部一起讲述了冯家村的发展历史。

老人说："何为冯家村，是因为过去这里的山垭上住着一户姓冯的人家，按照惯例，古人根据这家人的姓氏，将这里叫冯家，冯家垭也因此而得名。那时冯家垭只有一户人家，经过几百年发展，这里已有 100 多户人家。"

时间在大踏步地向前迈进。

新中国成立后的 1961 年"大跃进"，政府要求各地根据实际情况更改地名，要求地名更改得要有气势。当时，与冯家村相邻的张公村和雷家村已分别更名为"高峰村"和"灯塔村"。冯家村通过讨论，大家一致认为"要攀登高峰到灯塔，最后放红光"，冯家村因此更名为红光村。红光村当时人口有 700 多人，户数100 多户。由于人口多，粮食少，口粮缺口大，老百姓吃饭成了问题。为了让老百姓吃饱饭，人民公社允许老百姓开荒种地，增产增收。于是，勤劳的冯家垭人开始挖边地、砍火地来种粮食，冯家村的土地面积因此也开始扩大增加，有了旱地和水田地各400余亩，共计土地面积800余亩。

1984年，恢复赤化乡。为弘扬传统文化，体现本土特色，又将红光村改为原来的冯家村。

2000年，国家实行退耕还林政策，将二分之一的土地面积退耕还林，冯家村的耕地面积减少，林地面积增加。

改革开放后，冯家村人为了改变贫穷落后的面貌，秉承"要得富，先修路"的理想信念，发扬自立更生、艰苦奋斗的精神，从2002年下半年开始，四组、二组500多名村民自筹资金修路致富。在外打工的年轻人也积极响应号召，主动放弃打工挣钱的机会，回家加入到修路的队伍中来。

在修路的过程中，通过大家协商，采取投工投劳的形式，按照人头工进行分段修建。四组、二组村民克服重重困难，耗时一年时间，修建了一条4.5公里长、3米多宽的泥土公路，与赤雷路（现在更名为赤白路）连接起来，这条简单粗糙的泥土公路不但将四组、二组连通，也打通了通往赤化乡的道路。道路虽然简单，但解决了二组、四组村民出行难问题。这条道路2014年硬化到3.5米宽，2018年拉直扩宽到4.5米。让村民们出行更加快捷和方便。

一组、三组的情况相对要好一些，20世纪70年代末80年代初期，这里有一个名为——大朝煤矿的煤炭企业在一组和三组之间修建了一条拉煤的泥土公路，这条泥土路将一组、二组1.8公里的距离连接起来，但没有将一组、二组与赤化镇连通，老百姓出行也极为不方便。

2007年，国家拨款10万元，一组、三组500多名村民人平筹资50元，石羊村再补贴一部分，在三方共同努力下，将原有的1.8公里路段与石羊三组连通并硬化，形成冯家村一组、三组、石羊一组、八组到赤化镇的共同通道，这条道路的畅通，让冯家村村与村之间、组与组之间形成了一条循环通道。交通的循环畅达，大大方便了老百姓出行，也为大家带来了新的发展机遇。

2014年从500米通道的头子上又向前硬化了1.3公里，国家投资10万元，村上集体流转山林款再加上国家拨款25万元硬化了3.5米宽。

2015年，冯家村通过精准扶贫项目资金，将1.2公里路面扩宽硬化4.5米，并连通到石羊。冯家村三组硬化500米通道。

2018年上半年，又全面拓宽4公里入户路，实现了公路进村入户新局面。

2019年，冯家村全面实现了组与组相连、户与户相通的道路网线。

今天，冯家村道路交通网线连接成片，实现了迢迢大道通罗马的美丽新农村，村民们住上了好房子，过上了吃穿不愁的好日子。

历史人物严友国

在这一次探访中，我根据严永和老人的讲述，记录下了这段历史。

一讲起英雄的故事，76 岁的严永和老人激动不已，他说：解放前，冯家垭有一户大户人家，户主叫严友国，他熟读四书五经，知书达礼，尤其擅长书法，在冯家村有 200 多亩田地和大片山林树木，是这一带非常有学问的大发财人家。严友国共生有 4 个儿子，老大严兴桃、老二严兴义、老三严兴礼、老四严兴贵。

这 4 个儿子中尤其要说的是老大严兴桃。

1935 年初，红 31 军为了围剿国民党残余部队，徐向前元帅率领部分红军从苍溪绕道进驻白田坝，对伤病员进行治疗休养。部队一进驻白田坝就开展轰轰烈烈的革命斗争。徐向前元帅带领部队到冯家垭开展革命斗争，机灵的严兴桃主动上前为徐向前元帅牵马带路，申请报名参加红军。徐向前元帅见严兴桃知书达理、有文化修养，就将其收编到红 31 军。

据说严兴桃智勇双全，冲锋在前，很快就在部队当上了团长。但从那以后，冯家垭人就再没有听说过有关严兴桃的任何消息了。直到新中国成立后的 50 年代初，有关部门敲锣打鼓地为严友国家送来"光荣牌"，冯家垭人才知道严兴桃在飞夺泸定桥战役中英勇牺牲的事迹。但严兴桃是否是飞夺泸定桥战役中 22 位突击队勇士之一，冯家村人也无人知晓。

严友国的三儿子严兴礼也非常不简单。

严兴礼在昭化读书期间就悄悄参加了革命，成为一名地下共产党员。后又辗转到江油以读书为掩护，继续从事地下革命工作。没过多久，严兴礼就身患重病，回到冯家垭家中调养，随着病情不断加重，不久便去世了，去世时只有 20 多岁。严兴礼在临去世之前曾留下遗嘱，让父亲严友国把家里的五大财产列出清单，全部捐献给国家。严兴礼去世后，严友国按照儿子遗嘱，捐献了清单上所列财产，只留下一口棺材。50 年代初土地改革运动，土改工作队走进严友国的家，准备没收棺材，但一看见他家墙上挂的"光荣牌"，便什么话也没有说，就出门离开了。严友国家原来的大四合院，后来分给几户贫下中农在居住。旧地基现在还住了一户叫做严永钊的人家，这户人家和严友国是一房人，算是亲戚。

土改结束后，严友国的三儿子和四儿子就搬出了冯家垭，在剑阁沙溪坝窑沟义家河安了家，"5·12"汶川大地震后又搬到窑沟修建了楼房。经过多方查找，我找到了现在居住在赤化村六组的老四严兴贵的大儿子陈维富，得知"光荣牌"在几经搬迁中已不知遗失何处。地下共产党员严兴礼唯一的女儿在成家后也与他们失去了联系，老二严兴义的两个儿子现在还居住在剑阁县下寺镇窑沟村三组。

七彩山鸡养殖户张磊

"90后"小年轻人张磊，和所有年轻人一样，心里装着奋斗的青春梦想。

中专一毕业，张磊就在梦想的道路上奔跑。

2009年，19岁的张磊就开始到广元市元坝区昭化古城养鸡、养兔、养猪。没有想到的是，正在他事业蓬勃发展的时候，遇到了瓶颈。

昭化古城，是蜀道遗址群的重要组成部分。他所承包的养殖场地恰好属于旅游规划区，面临拆迁。为了支持旅游发展，经过多方考察，2013年，张磊带着梦想，来到了冯家垭，与李家沟结下了养殖情缘。

冯家垭李家沟与张公村接壤。从赤化镇一路上山，大约5公里处有一明显分界线，这里就是冯家村的李家沟。在李家沟入口，可以看见右边弯弯曲曲的柏油公路，是张公村联通白朝的新道，左边那条道路是通往李家沟的泥土公路。虽说是泥土公路，但交通极为方便。一条深深的水沟从山顶一直连接到清江河，特殊的卡斯特地貌，使得沟里常年干涸，只有在夏季雨水充沛，山上的雨水才齐刷刷地集合汇集到李家沟泄洪，浩浩荡荡的山洪水，穿过深深的李家沟，汇入清江河，向嘉陵江奔腾流去。李家沟与张公村在一条线上，一个在山下，一个在山上。岩石支撑着山的身体，使得山体坚硬牢固，即便是山洪暴发季节，也不会造成水土流失。

更重要的是，这块地在很多年前就种上了中药材——杜仲。后来由于多种原因，杜仲滞销，当年杜仲种植承包户留下这片杜仲林，到其他地方发展去了。杜仲树经过几年自由生长，已经长成一片郁郁葱葱的林地。张磊知道，杜仲是一种具有多种功效的中药材，对人体有极高的保健作用。他在网上查阅了相关资料：杜仲性味甘、温，入肾、膀胱经，具有补肝肾、强筋骨、安胎的功效。临床常用杜仲来治疗肝肾虚弱、腰膝酸痛、下肢痿软，阳痿、小便频数等症，是治疗肾虚腰痛、下肢痿软的药材。对于肾虚阳痿、小便频数，常与山茱萸、菟丝子、五味子等药物配合使用。杜仲还用于肝肾亏损、胎动不安者，常与续断、山茱萸、桑寄生等药物配合使用。另外，杜仲在现代医学中，还常用于高血压病，可以和其他的药物配合使用。

看着浑身都是宝的杜仲树，张磊想，在杜仲林里养鸡，鸡肉吸收了杜仲的药理性，美味的鸡肉不但满足了人们的口福，还能达到滋补效果。这一开拓创新的养殖方法，为当下时尚的人们提供了食药一体的养生食材，一定能打开市场，成为畅销产品。

多么幸运的年轻人啊！他赶上了一个美好的新时代，社会物质充盈丰富，百姓生活富足讲究。日子好起来的人们对生活质量要求越来越高，滋补药膳食品正符合当下消费者的需求。

在养殖行业摸爬滚打多年，让冯磊积累了丰富的养殖经验。

一切准备就绪，2013 年一开年，冯磊就与冯家村签订了土地流转合同书。一个养殖面积 20 多亩、占地 60 余亩的生态杜仲药膳养殖场即将在冯家村李家沟安家落户。

绵延群山之间，一块平坦之地在沟与沟之间相互守望。倾斜的山坡上，绿幽幽的杜仲林，煞是惹人喜爱。张磊在紧临杜仲林的泄洪沟边建了 10 间鸡舍（其中包括 3 间温室），为 20 多亩杜仲林拉上了 2 米高的网棚房，为鸡提供足够的活动场地和活动空间。在紧邻张公村的那片空地，则建立起了几间简陋的住房，将父亲、母亲接过来，一方面是一家人住在一起，方便相互照顾生活，另一方面是勤劳一辈子的父母根本闲不下来，总想为儿子出把力，为儿子事业发展做坚实的后盾。当然，母亲的到来也让张磊一家人的生活稳定而又有规律。因为母亲总是为一家人做好一日三餐，让他们吃上可口的饭菜。父亲则负责养殖场的日常事务，为他分担一些养殖场的琐碎工作。

经过多方考察论证，他引进了美国七彩山鸡。他认为，这个品种的鸡肉质鲜美。选好养殖品种，接下来就是如何对鸡进行科学合理的营养搭配，让鸡吸收饲料中的营养。吸收营养的鸡肉不仅肉质鲜美，还含有人体所需要的各种微量元素，符合滋补要求。于是，张磊根据多年养殖经验，查阅种养资料，自己总结配制出一套鸡饲料配方，如：玉米、豆渣、麸皮、松珍粉、大蒜素、杜仲粉等为主要食材，再加上各种微量元素，开发出一套特色饲料配方。

特殊的地貌结构，得天独厚的地理位置，四通八达的交通网线，为养殖场提供了优质的养殖场地和便捷的物流条件。大片杜仲树，让林下养殖更容易隔绝鸡瘟蔓延，也不会造成养殖场积水。

在天时地利人和的时运下，通过几年发展，如今张磊的养殖场现有出栏鸡8000多只，实现月出栏4000多只的稳定数量。

2018年，冯家村与张磊签订了合作社协议，实行"专业合作社+农户"的养殖模式。专业合作社为农户提供鸡苗和饲料，按照市场价格回收，然后统一进行市场销售。在张磊的带动下，农户有了明确的养殖计划，有了稳定的收益保障，不再为养殖和销售发愁，实现了抱团取暖的良性循环。

如今，冯家村的杜仲跑山鸡凭借肉质鲜美、养身价值高等多重颜值赢得了市场的认可和接纳，七彩山鸡现在是供不应求。但即便如此，冯磊也严格坚持平稳发展原则，脚踏实地，以质量求生存，稳中求胜向前发展。

他非常清楚，要想平稳发展，首先要提升养殖环境。于是，每到春季，张磊就会在树林下撒下一些菜籽种子，修养土地，同时也给生态一个修复期限，保证养殖场地实现生态环境良性生长，为养殖业长期发展奠定坚实的基础。

这样的养殖模式，不但给张磊带来可观的经济收入，也让张磊的杜仲山鸡走出赤化，飞向省外。现在他的鸡苗按照每只15元的价格发往甘肃、重庆以及苍溪、旺苍等地。因为他提供的鸡苗成活率高，让养殖户无后顾之忧，因此前来李家沟求购鸡苗的人是越来越多。

我从养殖场出来，已是夜幕降临，满山飞跑的七彩山鸡也陆续归笼，热闹了一天的李家沟逐渐进入幽长的黑夜之中。但明天的李家沟，依然是鸡鸣声一片。

第十一章　白田坝社区

  白田坝是 108 国道的重要通道，上连广元到陕甘地区，下连剑阁到绵阳、成都。为了解决宝成复线建设，石羊村开关站几十万千伏的变电站建设，绵广高速修建等国家级、省市级重点建设项目占地人口户籍问题，故更名为白田坝社区。如今白田坝社区辖区面积 4 平方公里，森林面积为 70%。共有住户 600 余户，9000 余人口都是城镇人口和农转非人口，实现了人人老有所养、老有所依的生活局面。

  社区内有一个 8000 平方米的广场，广场内种类繁多健身器材可供社区居民休闲娱乐。

  白田坝社区村"两委"结构情况：

  2003 年：第一届书记曹志强。

  2004 年 11 月 25 日：张德均任社区主任，马开均任文书，曹明彦为出纳。

2006 年 7 月：张德均任书记，马开均任文书，曹明彦为出纳。

2008 年：张德均任书记，代理主任赵利平，曹明彦为出纳。

2011 年：张德均任书记，谢文芳为妇女主任，代理主任赵利平，岳安菊为出纳。

2013 年：张德均任书记，谢文芳任社区妇女主任，梁文生任廉勤委主任，刘文宝任主任，曹鹏任文书，岳安菊任出纳。

2018 年至今：晏堪任第一书记，张德均任书记，谢文芳任社区妇女主席，梁文生任廉勤委主任，刘文宝任主任，杨蔓任文书，岳安菊任出纳。

历史的脚步

传说白家沟有一大户人家小姐，人称白小姐。白小姐生得面若桃花，身若杨柳，且知书达理。据说有一年冬天，白小姐站在白家沟村口向沟外望去，看见沟外那一片平旷的土地之上是寒霜覆盖，茫茫一片银白。看着眼前的惊人美景，白小姐脱口而出"白田坝"三个字，白田坝也因此而得名。

我听父亲讲：薛丁山带着儿子薛云龙征西路过白田坝时，薛云龙见白家小姐粉黛芳颜，秀美温婉，便娶白小姐为妻。征西队伍经过短暂休整拔营出征时，薛云龙就带上白小姐随队伍征西去了。后来我通过查阅这段历史记录，得知薛丁山征西是贞观年间的事情了。如此算来，这里用白田坝作为地名距今已有1300多年历史。

随着时代进步，为适应新形势下的管理体制，2003年成立了白田坝社区，解决了村民们"农转非"问题。

场镇建设

白田坝社区虽然是一个新社区，但它存在的历史已有1000多年了，古老的街道与清江河渡口相依相偎。遥望历史的帆影，狭长的街道上，车水马龙，人流如潮。街道虽然热闹，但生活环境还是有些不尽人意。因为，老108国道一直是从街道中心穿插而过，滚滚车轮，鸣声如雷，让居住在街道上的居民吃尽了噪音之苦。翻滚车轮下带起的尘土在街道上飞扬，灰蒙蒙一片，污染空气，影响生活。2015年108国道扩建，汽车通行绕过街道，顺着清江河堤向西延展而去，老街生活环境改善，居住在老街上的居民过上了清净闲适的生活。

下面我将白田坝社区的历史发展脉络进行梳理并记录下来，以便后人翻阅。

1991 年，时任省财政厅副厅长、白田坝老红军尤胜奇从省财政厅拨款 20 万元在清江河上修建了一座漫水利民桥，解决了清江河两岸老百姓的出行难问题。

从 2004 年开始，社区每年举行老年人关爱活动。比如：座谈交流、发放被子、粮油等，为老人做实事，丰富社区老人的精神文化生活。

2008 年，社区组织资金带领社区妇女外出考察学习种养殖技术，提高种养殖技术，发展农副业生产，为家庭增收提供技术服务。

2009 年，投资 37 万元修建建筑面积 400 平方米、一楼一底的社区办公楼，并配置了文化室。文化室内有电脑、阅览室、老年活动中心、农民夜校等，为社区居民提供文化生活服务。

2011 年，将原有的白田坝 108 国道 1 公里路段由原来的双车道扩建到 30 米宽的 4 车道，到宝轮由原来的 20 多分钟缩短到 5 分钟，主要是解决老百姓出行问题，缓解老街拥堵，减少扬尘污染。白田坝社区进行了一次局部棚户区改造，扩建道路，房屋统一规划成亮洁的住宅小区，新增住宅小区 3 个。新增街道两个：向前街（纪念徐向前元帅在白田坝驻军那段红色历史）、扩坪路，同时将白田坝街更名为红军街，也是以此纪念红军在此驻军的红色历史，激励白田坝人学习红军精神，传承红军文化。

2013 年，服务当地老百姓近 20 年的漫水利民桥被洪水冲毁，又让老百姓出行变得困难起来，老百姓热切盼望能修建一座便民富民连心桥，将沿河两岸紧密相连。

2017～2019年，国家投资1.1亿修建了一座长300米、宽20多米4车道加人行道的赤化大桥横跨在清江河上，彻底解决了老百姓的出行问题，由此白田坝与赤化镇各村组的交通网线畅达通顺。

2019年，硬化关山到宝成复线公路1公里，主要是解决老百姓丧葬出行队伍穿越宝成复线的安全隐患问题。

白田坝老人认为：在经济社会发达的今天，很多本土文化被外来文化所替代。比如婚庆嫁娶都是小车接送，婚纱拖地，没有中国味。过去的民俗是新娘哭嫁，虽哭声凄切，但声声切切，是对父母养育之恩的感激涕泗，是对亲人的不舍之情，传递的是人间冷暖、家族和睦相处的中国元素。老人们觉得，新婚夫妇拜天地、拜父母是老祖宗留下来的礼教，意在教育下一代人要敬老爱幼、礼贤下士。现在的年轻人，盲目追求时尚，把这些带着浓郁地方特色的民俗文化丢失了，老一辈的人都觉得非常遗憾，希望婚丧嫁娶能够按照当地习俗，突出地方特色，体现中国元素。

赵利平的果园梦

我一直认为，梦想的实现需要一种永不言败的精神。

55 岁的乡村领跑人——赵利平，居住在广元市利州区赤化社区，中共党员、区政协委员。他是中国改革开放 40 年来农民在乡创业的成功典范，是利州区人民政府 2019 年度评选的 33 名乡村振兴领跑人之一。曾 3 次荣获利州区人民政府颁发的荣誉证书：2005 年被中共广元市利州区人民评为——标准化农产品基地建设示范户；2006 年被广元市市中区人民政府评为——2005 年度市中区"万户种养大户"示范户；2018 年 9 月被中共广元市利州区委农村工作领导小组评为——广元市利州区首届"中国农民丰收节"十佳职业农民荣誉称号。

一

　　仲夏的阳光在任何一个时间段都是燎人的，不分早晚。

　　那天，我按约定的时间抵达赤化镇政府门口，远远地便看见赵利平阳光灿烂地向我走来。梦想，让赵利平滤掉了浮躁与浮肿，他身体清瘦，皮肤黝黑，眼睛犀利，面容谦逊。

　　赵利平的果园位于赤化镇观山碥，总面积 160 多亩，果树品种 10 多个，是利州区范围内规模最大的水果种植大户。

　　我与赵利平做了简短交谈，便坐上他的面包车前往观山碥果园。面包车穿过清江河边的 108 国道线，转弯右拐进入赤化镇乡村公路，前后不到 5 分钟便到了果园。赵利平说话很直接："这些天桃子、梨子、李子都已经下市了，前来采摘鲜果的人少了，早几天，我还根本没有时间接受你采访呢。"

二

在赵利平的果园，我们聊起了他的果园梦。

20世纪80年代的第一个春天，中国土地开始大面积解冻。

赵利平从经济浪潮到来的那一刻开始，就在梦想的道路上不停地奔跑——和一群有着同样梦想的年轻小伙子走乡串户贩卖生猪肉，承包养鱼塘，成为村里屈指一数的万元户。开拖拉机稀里糊涂地与火车相撞捡回一条命，上万元的拖拉机变为一堆废铁。房子不幸被一把火化为灰烬，一无所有，靠乡里乡亲捐粮捐衣服，日子过得狼狈不堪。开办养鸭场亏得血本无归，欲哭无泪……

那些年，恍若这个世界上所有的灾难和不幸都降临到赵利平的头上。但赵利平从未向命运低头，他始终相信，幸福是奋斗出来的。

正在赵利平一筹莫展的时候，1999年国家出台退耕还林政策。

赵利平看到了国家的好政策，便萌生了承包荒山、种植果树、发家致富的念头。于是，他找到村委会，谈了自己的想法。

村委会讨论后觉得他的想法很好，既能留住绿水青山，又能发家致富，村委讨论后很快就同意了赵利平承包赤化镇观山碥40多亩荒山林地（其中有50多户人家、200多人口的退耕还林20多亩，集体的荒山20亩），承包期限为50年。

退耕还林，国家对承包荒山的农民给予了大力支持和帮扶，树苗都是由政府免费提供。赵利平大概了解了一下，觉得板栗树成活率高，投入少，管理简单。于是，赵利平请工人清理杂草，砍掉灌木，将金光灿灿的土地翻晒在阳光下。然后从政府领回板栗树苗栽在观山碥40亩山地上。没想到刚栽上两个月，赵利平就看见电视新闻说河北省板栗滞销。这则新闻，让赵利平和妻子做出了果断的决定，拔掉板栗树，重新寻找新品种。

但接下来该栽啥品种果树？如何发展？赵利平又是一脸茫然。

妻子看见赵利平着急的样子，就劝赵利平说："莫着急，我们其实可以出去考察看看其他地方栽的什么果树再做决定。"妻子的一番话，让赵利平豁然开朗。

说走就走。赵利平收拾好行李，坐上开往成都的504次列车。5月中旬的成都让他眼前一亮，街道上到处都是黄灿灿的枇杷，很是惹人喜爱。他打听到，这8元钱一斤的枇杷来自一个叫龙泉驿的地方，听说那里的枇杷已形成产业，发展势头良好，不愁销路。一听此话，赵利平和妻子转身便去了龙泉驿。龙泉驿之行让他们眼界大开，只见密密麻麻地枇杷将延绵不绝的街道铺成了一条黄金大道，一望无际的枇杷园更是让人震撼。

赵利平敏锐地察觉到，若在观山碥发展枇杷产业，肯定不愁销路。

经过一番周折，赵利平在龙泉驿联系了一个种植大户，将他的想法与这名种植大户进行了沟通，达成协议，签下1400株枇杷幼苗订单，便返程回家做栽枇杷树的准备工作。

回家安排好一切，赵利平带上家里储备的万余元现金，坐着504次慢车，一路摇晃了8个多小时抵达成都，辗转坐公交车到了龙泉驿，买了1400株小指粗的枇杷幼苗，打包成捆，从龙泉驿坐公交车到成都西客站转乘502火车，一路摇晃到宝轮火车站下车，连夜连晚请工人把枇杷树运回家，栽在观山碥果园中。好像上天并不垂爱这位追梦的年轻人，天一直久旱不雨。但按技术要求，刚栽上的果苗每天都要浇水。天不下雨，幼苗难以成活，怎么办？赵利平只好每天请人从山下往山上挑水灌溉，用了那么多人工，花了那么多精力和时间，最后枇杷幼苗还是未能成活。

这一次，赵利平的果园梦以失败而告终。

三

失败，没有击碎赵利平的果园梦，他决定再来一次。

赵利平调整好心态，坐上504次列车，再次踏上开往龙泉驿的班车。扛着几大捆枇杷树一路摇摇晃晃拉回来，再次栽在观山碥山上。每天请人担水、浇水。但是，工夫还是负了有心人，最终，枇杷树还是无一成活。看着这片承载他梦想的黄土地，赵利平泪流满面，蹲在地上，抱头痛哭。接下来该怎么办？是继续搞，还是就此放手？赵利平不甘心辛辛苦苦整理出来的40亩果园再次沦为荒山，他思考再三，决定擦干眼泪，再来第三次。赵利平找到亲戚朋友借来一万元钱，又一踏上了希望之路。希望和失望总是交替着折磨这个拥有钢铁般意志地追梦人。这一次，上天还是将赵利平的果园梦给无情地击碎了。赵利平心力交瘁，心灰意冷。他疯狂地拔掉了观山碥所有干枯的树苗，在家睡了三天三夜。

　　令赵利平万万没想到的是，龙泉驿的种植大户得知他的情况后，被他这种不离不弃的追梦精神所感动，愿意欠钱提供枇杷树，支持他的圆梦计划。看到了希望之光的赵利平立刻租了一辆面包车开往龙泉驿，装上枇杷树，沿着108国道线连夜赶回观山碥，工人加班加点上山栽树。此时时间已进入9月，老天开眼给力，枇杷树一栽上就是绵绵秋雨，来自异乡的枇杷树在一个月秋雨的滋润下，扎根观山碥。

　　在接下来的两年时间里，赵利平为了节约肥料钱，和工人一起去生猪站拉自然肥料，合上碳灰搅拌后给果树施肥。吸收自然肥料的枇杷树长势良好。第三年，果树挂果，满园尽是黄金甲。

赵利平实现了他的果园梦，观山碥也由荒山变为花果山。

四

就在赵利平计划着手扩大果园规模的时候，"5·12"汶川大地震发生了，面对这突如其来的灾难，让赵利平陷入了恐惧之中。令人欣喜的是，国家很快就启动了灾后重建工作，政府用10万元的灾后重建款为赵利平建"三坪塘"，解决了果树的灌溉难问题。修建了三间砖瓦结构的混凝土房屋，解决了农具堆放难问题。在灾后重建过程中，整个灾区的城乡道路交通也大大改观。赵利平的果园也由原来的40亩增加到160多亩，由过去的一个品种增加到今天的10多个品种。

感谢这个伟大的时代。

中央精准扶贫好政策再一次在赵利平身上落地生根。依托精准扶贫好政策，政府出资为赵利平的果园硬化了环山公路、修建了凉亭。这大大方便了前来摘鲜果的客人不说，还为客人提供了一个观山望景的平台。在农技员的指导下，赵利平将观山碥果园进行了重新规划整理，增加了草莓、核桃、油桃、白花桃、脆李、杏子、无花果、梨子等10多个品种，以保证季节供应。

五

如今，宽阔的 108 国道线盘绕清江河，畅达三省。通过这条路一路向西 15 分钟抵达剑门关，向东 10 分钟不到便到宝轮镇。便利的交通出行，给采摘鲜果的客人提供了极大的方便。

就在我采访期间，不断有客人前来采摘鲜果而中断我们的交谈。我问客人是摘回去卖还是自己吃？客人回答说，他们是几家人约在一起来摘的，前段时间看见政府微信发的朋友圈介绍观山碥果园，我们说来看看。结果真的可以，果汁饱满，味道鲜美，是真正的绿色水果。客人还说，现在生活条件好了，很多人都愿意自己开车到果园来摘。说白了，开车到果园来摘的汽车油钱都比水果钱多，即便是这样，我们还是愿意到果园来摘，图的是新鲜和生活乐趣。赵利平接上话说，观山碥的地是黄泥巴地，土质好，再加上这一片山向阳，太阳从早照到晚，水果日照时间长，所以果子又甜又脆。

我随手从身边的梨树上摘下一个青皮梨，嗨劲咬了一口，细腻的梨肉、饱满甘甜的果汁立即溢进唇之间。看我吃得开心满足的样子，赵利平很自信地说，他的水果不愁卖，都是客人自己开车上山来摘。加上今年的水果市场很好，相比往年来说每斤涨了一元多。

赵利平很认真地说道，你不要小看这一元多元钱喔。他给我算了一笔经济账，按一斤果树摘400斤水果来算，一棵果树就增收400元，160多亩果树能增加近20万元的收入呢，这可不是个简单的数字。听他高兴地说完，我由衷地为他感到高兴，真心祝福他们一家人的生活越来越红火。

日出观山碥，朝霞染万山。

望着眼前生机无限的巍巍青山，赵利平无限感慨地说："没有国家的好政策，就没有我今天的幸福生活。"他衷心感谢利州区委区政府给有梦想的农民的崇高荣誉，这些荣誉将激励着更多像他这样的追梦人奋力前进。

第十二章　赤化镇卫生院

翻阅历史，不难发现，我们的先祖从原始社会就开始在山上采药治病，到了春秋战国时期，中医理论已经基本形成，之后不断深化发展。今天，在中西医融合发展之下，有了更加完备的医疗体系，老百姓看病就医更加方便，特别是乡镇一级卫生院，更是一方百姓的生命守护神，赤化镇卫生院亦是如此。

踏访卫生院

2018 年 9 月 8 日一大早，我驾车出门，到今天的踏访之地——赤化镇卫生院。

一

　　一夜的秋雨，将久久不肯离去的"秋老虎"驱逐而去，空气凉爽而舒适。我驾车从广元东坝国际大酒店附近出发，穿过繁华的建设路，跨过老鹰距大桥，直奔则天大道，一路畅行至盘龙快速通道，驶入宝轮纺织大道。90多公里路程，穿山过洞、飞跨桥梁，40分钟后，汽车就稳稳当当地停在了赤化镇卫生院院内。

　　下车一看，两栋三层楼高的住院大楼将小院紧紧围抱，紧凑又安静。踏进卫生院一楼大厅，各种荣誉奖牌整整齐齐地悬挂在墙壁中央，这是医院实力的最好展示。最值得所有医护人员骄傲和自豪的是：2016年国家卫生计生委颁发的"群众满意的乡镇卫生院"奖牌，这块奖牌是党和政府对全体医务工作者的认可和褒奖。

　　我穿过大厅的拐角处，进入针灸理疗科。古色古香的门窗和一股浓烈的中药味道向我再一次验证了科室的专属性——诊疗室。推开诊疗室的门，只见一名老太太正爬在病床上进行传统针灸治疗，我不敢轻易打搅医生和病人，轻声退出科室大门，向药房走去。药房里，2名身穿蓝色护士服装的护士正神情专注地为病人抓药，我没有打扰，径自沿着楼梯向上爬。雪白的墙壁上，各种医疗卫生防预宣传海报从楼梯的这一头直贴到了楼梯的那一头，从这点可以看见，赤化镇卫生院的医疗知识普及宣传做得非常好。是的，通过宣传普及，引导村民养成良好的卫生防御习惯，不但能提高民众的生活品质，还能最大限度地减少和控制疾病发生率。

我一边上楼梯，李成禄院长一边将赤化镇卫生院给我作了一个全面详尽的介绍。

二

李成禄院长介绍说，卫生院现有职工 32 名，其中卫生专业人员 28 名。具有高级职称医生 2 名，中级职称医生 1 名，初级职称专业人员 25 名。现开放床位 36 张，内设医疗科室 10 个，其中临床科室 7 个（内科、外科、中医科、妇科、儿科、针灸理疗科、疼痛治疗科）；医技功能科室 5 个（放射科、检验科、心电图 B 超室、经颅多普勒室、消毒供应室）。拥有 DR、彩超、经颅多普勒、心电图机、全自动生化分析仪、三分群血球分析仪、尿液分析仪、电解质分析仪、凝血物质分析仪、呼吸机、洗胃机、心电监护仪等系列先进医疗设备。能开展内外科常见多发病的诊断和治疗，特别是对心血管疾病及慢性疼痛的治疗有特别的效果；能开展胆囊、疝气、阑尾、痔疮、四肢骨折等手术。公卫计生科内设预防接种门诊、妇幼保健科、慢性病科、居民健康小屋、应急物质储备库。主要承担辖区居民健康档案、健康教育、

预防接种、传染病管理、慢性病健康管理、老年人健康管理、妇幼健康管理、重性精神病健康管理、结核病健康管理、中医药健康管理、卫生监督协管和计划生育服务等方面工作。长期以来，医院秉持合理检查、合理用药，凭借先进的诊疗设备、过硬的专业技术，满足于不同患者的就医需求。目前，在乡镇一级卫生院中，无论是规模、病种诊治范围、设备仪器先进程度、特色专科、人才结构、公卫计生服务等方面，赤化镇卫生院都达到了较高水平，真正做到了让老百姓小病不出镇，切实减轻了群众负担，有效解决了老百姓看病难、看病贵问题。

卫生院的医生除了管理门诊病人、住院病人外，还要依照国家、省、市有关政策法规负责全镇 9 个村组老百姓的公共卫生服务、家庭医生签约和卫生扶贫等公共卫生服务项目。卫生院的医生每季度下乡一次，配合村卫生站医生为老百姓体检身体、疾病防控宣传，特别是对糖尿病、高血压等多发病病人回访问诊治疗，为他们建病历卡实行医疗上门服务。也就是说，乡镇一级医院的医生是直接面对基层群众，所承担的不仅仅是治病救人，还有很多基础医疗服务项目，他们的工作相对于上级医疗机构来说更多、更杂一些。

三

医疗体制改革后，一方面减轻上级医院的医疗压力，另一方面主要是方便老百姓就近就医。为了让医疗卫生福利真正惠及基层群众，国家做了明确规定：病人因病情需要需由村卫生院转乡镇卫生院，再由乡镇卫生院办理转院手续转市区医院继续接受治疗，这样报销的比例就能达到 88%~95%，老百姓自费负担的比例就要小一些。乡镇卫生院有能力接收和处理的病人，可以直接处理报销比例。乡镇医院门槛费用低，都只收 100 元到 200 元。若是病人未能经过乡镇医院转院，直接到市区医院就诊的，要缴纳 300 元到 500 元的门槛费，根据基本医疗保险和大病医疗保险报销比例核算，个人负担得更多一些。

但随着国家对基层卫生院的重视和扶持，乡镇卫生院的医疗设备更新升级，医生培训力度加大，医疗技术和职业道德素养不断提升。老百姓心里也都明白，一般常见病和多发病基层卫生院全科医生完全有技术、有能力处理，不用大费周折到市区医院就医治疗。现在老百姓普遍遵循小病不出村、大病到医院、康复回社区的就医原则。

四

三楼是住院部，在住院部我随意走访了两间病房，与病人进行了简单交流。冯家村 61 岁村民徐永民，早上与村干部一起为村上公路两边除杂草，不小心被毒马蜂扎了两下，立刻被村干部送往卫生院治疗。

接诊的医生是 50 岁的梁冲。梁医生熟练地进行了消毒处理，紧跟着配置药物注射。病人从被毒蜂扎伤到送往卫生院消毒、配药，到躺在病床上安心治疗，整个过程前后最多半个小时就处理完毕，体现了医生的专业与速度。

我去的时候快上午 11 点了，我问徐永民现在感觉咋样？他说："好多了，毒马蜂的毒性很厉害，刚来的时候脸又红又肿，头痛得就像要爆炸了，经过输液处理，现在好多了。"我又接着问他："你觉得卫生院的医疗条件相比过去如何？"他非常肯定地点头说："相比以前条件，那是一个在天上，一个在地下，没法比。就拿我这次毒马蜂中毒事件来说，要是在过去，最近只能到宝轮，至少也得两三个小时才能处理得了，耽误几个小时，毒气就已经从皮肤渗入血液了，处理起来就困难得多，严重的话可能就会有性命之忧，好的话也会留下许多后遗症，多可怕。"徐永民想了想，又继续说："其实我也是第一次到镇卫生院看病，以前我就听好多村民说赤化镇卫生院的医生服务态度好，医生技术也好，这次幸亏他们处理及时，真的感谢他们。"

李成禄院长接过他的话说："现在的老百姓就是这样，只要信这个医生，他看啥病就找这个医生，所以卫生院的医生都是按照国家要求，配备的全科医生。"

为徐永民治疗的梁冲医生补充道，我们医生现在也非常注重自己的职业道德素养和医疗技术提升，去年我又到广元市第一人民医院进修了半年。需要说明的是，梁冲是卫校毕业后到赤化卫生院的，他刚来时卫生院全院医护人员总共只有 5 人。虽然人少，但卫生院还是想尽办法培养能独当一面的全科医生，多次派他到市内外各大医院学习进修，提升医疗技术水平，尽力为老百姓就近就医服务。现在，随着医疗条件的进一步改善，卫生院与市内外各大医院联系更加紧密，还开通了网上会诊项目，再加上药物齐全，处理常规病例技术娴熟，所以附近居民都放心大胆地到医院救治。

良好的医德，高超的诊疗技术，让赤化镇卫生院声名远扬。

我了解到，与徐永民住在同一间病房的病人王春华，是剑阁县高观村人，患妇科病多年了，到过市内外很多大医院治疗，包括到成都的一些医院求诊治疗，反反复复，经过几年治疗，情况都不容乐观。王春华的丈夫听老乡说赤化镇卫生院的中医理疗还可以，于是就抱着试试看的心情来到赤化镇卫生院。让夫妻俩没想到的是，在这里经过一周的中西医结合治疗，效果真明显。

接下来，夫妻俩很是高兴地对我讲："再过几天他们就可以出院了，中医药费便宜，效果也好，回家继续吃医生开的中医处方药慢慢调养，相信很快就会好起来的。"

在另一间病房，我见到了 61 岁的病人张满祥老人，他在广元市中心医院住院治疗 20 多天了，情况稳定后就回卫生院做进一步康复治疗。凭直觉，我注意到坐在旁边的老太太是病人的家属，我问她为什么不继续在大医院做康复治疗？她说："孩子们都挺忙的，大医院离家远，各方面都不方便。卫生院在自家门口，更方便照顾。再说，这里的医疗条件好，医生态度和医术都很好，我们非常信任他们。"

是啊，"金杯银杯，不如老百姓的口碑"。

赤化镇卫生院在党和政府的坚强领导下，不断改进医疗环境，更新医疗设备，以过硬的医疗技术水平，良好的医德和优质高效的医疗服务，赢得了老百姓的信任与赞赏。相信赤化镇有这样一支全心全意为老百姓健康生活服务的守护神，老百姓一定能过上健康美好的生活。

老中医刘玉奎

从卫生院出来，为了让我更加清楚地了解卫生院的发展史，院长李成禄要带我去见一位新中国成立后第一批进入赤化镇卫生院工作的医生，88岁的刘玉奎老人。

刘玉奎老人是赤化村人，距离卫生院不远，就住在老108国道旁边。我将车开出卫生院，在公路上疾驰了一小段路程，就来到一个小巷，李院长说，刘玉奎老人就住在这个小巷深处。顺着小巷往里走，穿过几户人家，就来到刘玉奎老人的家。这是一栋三层楼的小洋楼，房前屋后打扫得非常干净，一看就是一户比较讲究的人家。一进客厅，水晶灯温暖地亮着，液晶电视画面鲜艳而明丽地跳动着，让温暖的房间变得热闹起来。地板打扫得一尘不染，干净整洁的沙发几个小花抱枕随意地躺在上面，一幅悠然自得的样子，茶几上瓜果零食应有尽有。他们对生活的讲究让我对农村生活有了新的认识。客厅一侧是一个非常时尚的旋转式楼梯，直上二楼卧室。是的，这就是当今中国普通农户人家的住宅。

是啊，这是一个多么好的时代，社会稳定发达，百姓们过着舒适娴静的生活。

78岁的老太太、刘玉奎老人的老伴为我们每人送上一瓶矿泉水，一小箕新花生，热情地请我们喝水吃花生。

李院长与老人简单寒暄几句，便向老人表明来意。

当老人听说我们来探访赤化镇卫生院历史时，激动不已地说道："我今年91岁，说起白田坝医院，那就长了。"刘玉奎老人的话刚落，坐在旁边的儿子刘满学说："父亲报的是虚岁，今年满88岁。"无论是88岁还是91岁，在生产力高度发达、物质财富极为丰富的今天，那也算是绝对高龄老人了。儿子说，老人只是听力减弱，但思维清晰，反应灵敏，身体硬朗。我向来认为，行医之人心中必有善念，善念不仅能为他人治病疗伤，同时也让自己受用一生，这一点我在刘玉奎老人身上看见了。

刘玉奎老人一说起过去，便不由自主地挺直了腰板，眼里闪着激动的泪花，满怀激情地说："1949年9月26日上午11点，共产党一行32人打着旗帜，站成一排，高呼口号'下定决心，排除万难，争取胜利'！就在这一天，土改开始了。没收了白田坝大地主廖国久的药铺，改为公立医院，正式为老百姓开放。"

刘玉奎老人说，他解放前在宝轮院新街任安药房跟着师傅李树宽学习中医，回来之后就一直在搞生产劳动，没有正式行医。但附近的老百姓都知道他会医术，能开药方。他接手诊治的第一个病人叫做楚桂英，楚桂英在广元市人民医院住了一年半的院不见好转，回来之后就一直瘫痪在床，人也变得傻乎乎的了。婆家见她这样，也就不管她了，直接甩给了娘家。娘家人听说刘玉奎能开药方，于是抱着试试看的想法找到他，经过诊治，刘玉奎给她开了一个方子，吃了两天就可以自己穿衣服了。一家人非常高兴，紧接着又开了第二副方子，第二副方子吃完之后就可以下床走动了，丈夫听见这个消息就将大病重生的楚桂英接回了婆家，一家人又幸福地生活在一起了。

那时，白田坝街上有两个医生，一个是曹炎生，但他已经划成地主成分，国家不能让地主分子进入白田坝医院；一个是杨继国，他不懂医术，只会跳神弄鬼糊弄老百姓（搞封建迷信的巫师），不能治病救人，也不能让他这样的人进入公家医院。

刘玉奎是学医出生，又能看病开处方，杨兴和院长就把他安排到白田坝卫生院负责坐诊看病、抓药。大约 1957 年成立人民公社医院，广元县将白田坝所有医生组织在一起，在雷培德家开了一个医院，将解放前在大地主廖国久药铺坐诊的范继白招回主方，杨继国抓药。那时一天坐诊要看 80 到 90 个病人，医生看一个病人抽取门诊费 1 角钱。主要是看中医，西医只限于打针。中药材都是老百姓在山上采药晒干后交医院，由医院自己切片炮制，若是开出的方子差几味药材，医生就会就让病人自己到山上采寻。

由于病人太多，医生忙不过来，医院向上级申请。上级又从广元调了一名叫王朝久的医生到赤化镇卫生院缓解医疗压力。这名医生是一名共产党员，工作认真负责。他来了后，情况就好转了很多，群众也非常满意。但由于病人太多，3 个医生还是忙不过来，卫生院就要求主管部门再调一个医生，但那时各大医院医生都非常短缺，很难调配。

后来，国家又开始调整医疗结构，将白田公社、宝轮公社、梨树公社 3 个公社的医院整合并入赤化镇卫生院。经过一段时间运转，考虑到宝轮地处川陕甘交界处，三省水运、公路、铁路互联互通，人口密集，是一个相对繁华的大镇，应该有属于自己的医院，加之宝轮镇的医生大都不太愿意到赤化医院上班。于是又重新进行了调整，宝轮人回到宝轮医院。

赤化镇卫生院又恢复了刘玉奎、范继白、杨继国三人医院，王朝久调走了。

随着时间的推移，国家开始培养医生，决定让刘玉奎带徒弟，赵炳元、李寿生、商克忠都是他带的徒弟。为了缓解医疗压力，培养更多的医生，又继续在石羊秀竹招了彭金银，王正宽招了曹鹏正，通过学习考试，将不合格学徒剔除。为了加强医疗队伍建设，医院将下寺的马素珍调往赤化镇卫生院。从这以后，赤化镇卫生院的医生开始逐年递增，逐步添置医疗设备，改善医疗环境。

经过几十年发展，赤化镇卫生院已经成为一座中西医结合的惠民医院，守护着一方百姓的生命健康。

乡村医生刘满学

今年 55 岁的刘满学是解放后第一批到白田坝卫生院坐诊医生刘玉奎老人的第二个儿子。

刘满学 1979 年初中毕业后就进入赤化镇卫生院，他一边跟随父亲刘玉奎学医，一边给医院打扫卫生，每月挣打扫卫生的 5 元钱工资。

由于刘满学表现良好，勤奋好学，再加上农村医生极为短缺，1981年，刘满学被赤化镇推荐到广元县中医院进修一年。1982年学习结束回到卫生院后，由赤化镇安排到村卫生站当站长，主要负责妇幼保健、计划生育、疾病预防、给儿童打预防针等工作。改革开放前，药品市场还没开放，各种药品都比较紧缺。西药一般就是头痛粉，主要是中医把脉抓药。药材自己在山上采一部分，从村民手中收购一部分，卫生院进一部分，通过各种渠道收集中药材为村民抓处方药。乡村医生没有正式编制，所以不领工资，挣多少是多少，每月几元到10多元不等，一年下来能挣200元到300元。

从2004年开始，国家给每个赤脚医生每年补贴500元到600元，加上自己挣一些，一年下来有1000多元收入，主要是完成政府规定的农村医疗服务项目。2006年，农村实行"新农合"，老百姓享受一定的医疗保障，乡村医生为村民的服务项目增多，待遇也在原来的基础上增加到每年1000元到2000元左右。2008年"5·12"汶川大地震，灾后重建，赤化镇卫生院的医疗条件大大改善，药物配备也更加齐全，乡村医生的待遇也进一步提高。

2014年，国家提高公共卫生服务，乡村医生按照完成国家规定完成的公共卫生服务指标领取工资。多年的乡村医生的工作经历，刘满学见证了乡村环境卫生、公共卫生逐步完善，村民们生活习惯的改变。30多年了，哪家有小孩，小孩多大了，什么时间该打预防针；哪家有老人，老人身体怎么样，多久检查一次；村里的糖尿病、高血压等常规病多发病有哪些，他都能说得清清楚楚，记得明明白白。

很显然，刘学满这个乡村医生在村里有着举足轻重地位和作用，无论是从情感上，还是工作上，他已经是村民们离不开的家庭医生了。现在国家越来越重视农村医疗环境改善，加大对乡村医生的培训力度，对乡村医生的要求标准也更加严格。现在乡村医疗条件和医疗技术力量、药物配备已经不可同日而语，老百姓看病就医更加方便，医疗保健更是精细精准。孩子一出生就已纳入医疗保健，为农村儿童健康成长提供了有力保障。

刘满学从一开始学医，父亲就教育他要树立良好医德，讲诚信，急病人之所急，想为病人之所想，全心全意为病人服务。30多年来，他一直遵循父亲的教诲。在困难时期，病人看病没钱就赊账，啥时有钱啥时给，处方单按照最低价格抓药，尽力减轻病人负担，良好的医德赢得了乡亲们的赞许和信任，让他在这一带很有些名气。其它村组的老百信也常常跨过清江河，到赤化村找他看病拿药。

行医期间里的点点滴滴，无形之中也在影响着一代新人。

去年，刘满学的儿子在他和爷爷的影响下，考入白朝乡卫生院，成为一名有国家编制的医生，媳妇紧跟着也考入白朝乡卫生院，成为一名在编护士，夫妻双双为守护乡村老百姓健康做贡献。

卫生院发展史

赤化镇卫生院成立于 1954 年 3 月，由杨兴和、范继白、刘玉奎 3 人组成的联合诊所，地址在廖家药铺。

1985 年更名为广元县赤化镇乡卫生所，有业务用房 485 平方米，为砖木结构。职工 5 人，贾天和、白成玺、左玉春先后担任所长，卫生所位于赤化老街南花官旁。

1988 年 6 月 21 更名为广元市中心区赤化乡卫生院，有业务用房 485 平方米，职工 7 人，贾天和、孟述鑫先后担任院长，卫生院位于赤化老街南华官旁。

1993 年更名为广元市中区赤化镇卫生院，郭天书任院长。

1996 年赤化镇卫生院从南花官迁至现在卫生院地方。新卫生院有业务用房 547 平方米，为砖混结构的两层小楼，有职工 9 人，王述中任院长。

1997 年张成生任院长，1999 年在门诊二楼增加建一层用房，业务用房增加到 810 平方米，有职工 7 人。开设有内外科、妇产科、中医科、辅检科、预防保健科，年业务收入 24000 元。

2004年12月龚攀利任院长，有职工7人。开设有内外科、妇产科、中医科、辅检科、预防保健科。手术病人及住院病人明显上升，年业务收入84500元左右。期间，2005年争取到扶贫基金10万元，将一、二楼业务用房进行装修，就诊环境明显改善。

2007年7月1日，李泽义任院长，有职工8人。开设有内外科、中医科、辅检科、预防保健科。

2008年"5·12"汶川大地震，造成赤化镇医院房屋受损面积达380平方米，价值40万元；设备、药品损失等价值10万元，合计损失50万元。争取到项目资金110万元，其中中央资金30万元，灾后重建补助资金80万元，新建综合楼321.3平方米，维修810平方米门诊大楼，年业务收入15万元左右。

2009年12月，李成禄任院长。灾后重建工程于2009年全面竣工，修建了331平方米的门诊综合楼，业务用房面积增加到1141平方米，于2010年3月投入使用。有职工22人，开设有内科、外科、中医科、辅检科、公共卫生科、理疗科。拥有全自动生化分析仪、雪球计算仪、点解图、经颅多普勒仪、西门子彩超、心电图仪、X光机、洗片机等大批医疗设备。医院住院病人及门诊病人大幅度增加，年业务收入160余万元。连续多年被评为先进集体和先进基层党组织。

2011年利用场镇改造机会，新征用地300平方米扩建了院坝、围墙及大门。同年，成立了赤化镇卫生院党支部。

2013 年争取到中央及其他项目资金 150 万元，对业务楼进行了扩建，医院业务用房面积增加到 2100 余平方米。

2018 年国家实行全面医疗体制改革，医院现有职工 33 人，全科医生 10 人。9 个村组都设立了村卫生室，其中 4 个村组采取国家出一部分资金、医院出一部分资金、村上出一部分资金三方合力建立了村卫生室。石羊村由于人口比较多，所以设有两个村卫生室，赤化镇共有 10 个村组卫生室。其他 6 个村组正在筹划计划之中，预计明年将实现村卫生室全面覆盖。

在我落笔之时得知，现在赤化镇所有村组都按照国家、省、市的相关规定设立了村卫生室，村民们实现了在家门口就能享受到的医疗服务。我现在将村组卫生室的医生名单记录下来，如下：

赤化村卫生室：刘满学，55 岁，中专学历，家住赤化村三组。

司马村卫生室：龙罗青，55 岁，家住司马村一组。

石羊村卫生室：（一组至四组）彭金银，70 岁，家住石羊村四组。

石羊村卫生室：（五组至八组）严兴菊，40 岁，家住石羊村六组。

冯家村卫生室：严铭，24 岁，家住冯家村一组。

雷家村卫生室：李俸明，66 岁，家住雷家村四组。

张公村卫生室：范树田，49 岁，家住张公村五组。

泥窝村卫生室：文朝东，60 岁，家住泥窝村五组。

幸福村卫生室：杨兴周，李泞伶，家住幸福村六组。

清江村卫生室：曹明洪，67 岁，家住清江村三组，执业医师。

为进一步加强农村医疗建设，政府抽出资金，今年又专门委托利州中专对具有高中学历、愿意投身农村医疗建设的青年进行为期 3 年的学习培训。赤化镇现有 2 名学生已经入学参加培训学习，他们分别是幸福村四组男青年邓官骞、清江村七组女青年杨洁。

第十三章　石羊小学

我在赤化镇探访期间发现，在时代变化发展过程中，赤化镇现存唯一的一所小学——石羊小学的学生人数也在逐年减少。为了进一步探访学校这一历史性的变革，我在一个阳光灿烂的春天，走进了石羊小学，见到了现任校长王明宏和老校长徐龙安，听他们讲述了石羊小学的发展历史。

一

石羊小学成立于 1959 年 10 月，那时叫做幸福小学。

刚刚从战火硝烟中走出来的新中国，正处于困难时期，一穷二白，百废待兴。伟大领袖毛主席说："再穷也不能穷教育，再苦也不能苦孩子。"在这样的理想信念支撑下，全国上下，开始想尽千方百计大力兴办教育，给孩子们创造走进课堂、接受教育的机会。没有教室，就借用农户家几间土坯房当教室；没有老师，就请生产队有文化的社员担任老师。于是，这些从田间地头走上讲台的乡村教师就有一个统一的称呼——民办老师。

教育的口号是"人民教育人民办，办好教育为人民"。

那时，赤化镇总共有 8 个生产队，每个大队都有小学。每个孩子都在自己所在生产队上学，每所学校的入学率都非常高。

由于幸福小学地处平坝，村民居住密集，所以比较特殊，是一所小学初中在一起的综合学校。学校学生人数最多的时候有 400 多人，小学一到五年级有 100 多个学生，初中有近 300 个学生。

由于教师短缺，师资力量有限。在学生多、老师少的情况下，老师基本上都教复试班。所谓复试班就是：一个老师教两到三个年级，这几个年级同在一个教室上课。老师给一年级上课，二、三年级就写作业，如此类推，一个年级一节正课，一节作业课。老师们都非常敬业，学生一天 5 节课，早上 9 点开始上课，中午 12 点放学。下午 2 点上课，5 点放学。上午课间操是全国统一的广播体操。家离学校远一点的孩子中午一般都不回家，自己在家带一个火烧馍，或者是一小缸杂粮饭。孩子们吃完饭后就自己在学校玩，可以打乒乓球、打篮球。虽然学校条件艰苦，但每个学校都配备有水泥乒乓球台和篮球架。孩子们甚至还可以将课桌拼接在一起打乒乓球，条件好点的学校还有羽毛球。每个女孩都有自己做的沙包、鸡毛毽子，在课间休息的时候都将自己做的小玩具拿出来和小朋友比赛，做踢毽子、丢沙包等游戏。很多小男孩子都有铁环或者地牯牛等自制体育用具，所以学校的体育项目非常丰富。

学校要求中小学生都要参加集体劳动。到了给秧苗捉虫的季节，学生都要统一到田里给秧苗捉虫，每个人手里拿个小玻璃瓶，把虫捉了放在玻璃瓶里，到收工的时候数虫子记工分。小朋友们都不会偷懒，大家都觉得劳动最光荣，捉虫的积极性很高。农忙季节，学校要放农忙假，学生们都要参加集体劳动，种麦子、割麦子、搬包谷、打谷子等劳动生产。

二

为了提高教学质量，从 1981 年开始，国家就陆续将民办教师送往示范院校进行培训，一部分年轻教师通过民办教师考师范转为有正式编制的教师，领工资，吃国家饭。一部分老一点的民办教师根据教龄陆续转为正式教师，纳入编制。直到 1985 年，民办教师逐渐减少，学校也就不再新进民办教师。新进教师都是由广元师范学校毕业分配到各个学校任教的专业教师，专业教师的注入，让师资力量大大改善，学校教学质量也开始直线上升。

1987 年，学校修建了砖房。民办老师也陆续在国家政策支持下转为公办教师，广元师范学校毕业的学生也开始进入教师队伍，教师队伍充实起来，复试班才逐步走出农村特有的教学模式。条件改善后，学校特意购买了一台脚踏风琴，开设了音乐课，让孩子们享受音乐带来的快乐和美好。

1988 年，根据教学需要，石羊小学与初中进行了分离。中学校长是姚文安，小学校长是徐龙安。

1997 年，村上筹集资金将小学重新修建了两楼一底的砖瓦房。由于教学设施改善，师资力量过硬，教学质量有保障，老师们都集体住学校。拐枣树、大桥、沙其坝等地的一部分学生都托关系到石羊小学就读，秋季开学后石羊小学人数达到了 700 多人，接近 800 人，这是石羊小学最为辉煌的时候。

三

改革开放后，村民们陆续外出打工，生活条件也一天比一天好，家长们也更加重视教育。普遍认为城里的教学质量比农村的教学质量好，很多家长将孩子带到城里上学，条件好一点的家长干脆在城里买房或是租房带孩子上学，学校生源一天比一天减少。但即便是这样，到 2008 年春季开学，学校的住校生还是有 100 多人，走读生有 200 多人，学校总人数还是有近 300 人。

2008年"5·12"汶川大地震，学校房屋受损严重，台湾捐资修建了现在这所占地面积3489.51平方米、建筑面积2381.68平方米的学校，学校配套设施更加完善。

援建中，道路交通也有了很大变化。主要是精准扶贫这几年，国家对基础建设不断投入，公路进村入户，城市周边地区进城非常方便。赤化镇到市区不过40来分钟，到宝轮镇最多不会超过5分钟，很多家长就选择到市区小学或镇小学上学，这就导致城市学生拥挤，农村生源短缺，学生一天比一天少。

四

2018年，石羊小学教学班共计学生70人（小学22人，幼儿园48人）；教职工20人（在册在岗教职工11人，保安、临聘教师、炊事员9人），其中高级教师1人，一级教师7人，二级教师2人，大学毕业招考教师2人，专科毕业生8人，平均每名教师带10多个学生，每班不足10人；还有9名服务人员。如此昂贵的教学成本，却依然无法留住学生。这样的情况不仅仅是石羊小学，农村小学都存在同样的情况。利州区一农村小学校长根据这一现实情况，在2014年成立了微型学校联盟，就如何整合教育资源、办好农村小学进行探索研讨。目前微型学校联盟活动已经在学校与学校之间互动，效果还不错。比如"六一"儿童节，几个学校带上学生到一个学校开展庆祝活动，这样学生人数多，气氛烘托得更加喜庆。孩子们表演的节目多，小朋友可以结识新朋友，增加新伙伴。老师与老师之间的互动也开始频繁，更有利于教学。

学生减少，闲置的教室被全部利用起来。新增加了功能室文化，一楼科学实验室，二楼微机室。学校网络全面开通，技术教育、技能教育课程开展齐全。三楼学生阅览室，室内藏书近万册。

2017 年，石羊小学成功入选海洋图书馆，这是四川省唯一入选的一所海洋图书馆，拥有海洋图书 1200 册。这些藏书包括世界名著等种类繁多的文学书籍、自然科学书籍等，是指导小学生广泛阅读的图书库。

<h1 style="text-align:center">五</h1>

我通过探访后发现，这样的微型小学是有很多教学优势的。一方面老师小班制，能更好地关爱到每一个学生，了解每一个学生的学习生活情况，面对面交流，还能在老师的监督辅导下完成书面作业。但同时也存在一些问题，音乐、美术、英语教师欠缺。针对这些问题，微型学校联盟发挥了作用，一方面联盟学校对音乐、美术、英语教师资源实行共享共分，开展互动互流计

划，丰富学生艺体课程。另一方面，加大对现有教师艺体培训，培养教师能够全能化教学。

我在想，随着城镇化进程加快，农村留守儿童在逐年减少，扎根农村的教师也逐渐进入老龄化，年轻教师又不愿意到农村执教，整合农村教育资源势在必行。可否寻求一个更好的途径来帮助农村孩子享受更好的教育资源？或探索出一条更好的途径来将农村教学楼利用起来，分解城市教育拥堵问题？

教学从来都是认真而严谨的。按照要求，不管学生人数怎样减少，学校教学课程都要按照教育部规定的教学计划完成教学任务，哪怕班上只有一个学生——这就是今天的大国教育。

第十四章　移风易俗谱新篇

2018 年，广元市利州区社会主义精神文明建设委员会颁发了《关于在农村开展第三届"孝敬父母、关爱子女"模范人物评选活动的通知》，赤化镇党委政府根据通知要求，在 8 个村组、1 个社区，12000 多位村民中评选出了 20 位孝敬老人、关爱子女的模范代表人物，从中挑选了 4 位模范代表人物，将他们的美德记录下来，以备后人传颂。

好儿媳周桂芬

在司马村二组，人们总能看到一个奔波忙碌的身影和一张笑意盈盈、亲切可人的脸庞，她就是人人称赞的敬老爱幼、善良博爱的好媳妇——51 岁的周桂芬。每当提起她，左邻右舍的群众总是赞不绝口，敬佩她以一个女人的肩膀为家人撑起了一片蓝天。

周桂芬婚后 30 年如一日地照顾公公婆婆，从来没有和家里老人顶过嘴、吵过架、耍过脾气、红过脸，不管大事小事都征求老人的意见。只要老人说出想吃什么、想要什么，她总是在自己能力范围内想方设法满足老人的心愿，看到老人们开心，她总是感到无比欣慰。现如今公婆年岁渐高，公公常年多病，她总是侍候在旁，洗衣做饭、熬药煎药没有丝毫怨言。公公婆婆把她当亲闺女看待；她把公公婆婆当亲生父母孝敬。由于丈夫罗万国长年在外打工挣钱，没有更多精力照顾家里，作为女人的周桂芬一直遵循着中国妇女的传统美德，勤勤恳恳，任劳任怨，把家打理得井井有条，将老人照顾得巴巴适适，出里地里的农活一样都没落下。她每天早上 6 点钟起床，屋里屋外，一刻也不停歇地奔忙。家里 8 口人 7 亩多土地她全部种上了庄家，一丁点土地都没荒废。田里栽秧打谷子，坡地上种玉米搬包谷，还有小麦、土豆、黄豆菜籽、花生、红苕等粮食作物，养猪、喂鸡样样都干。

在母亲的言传身教下，儿子罗永春、儿媳王顺莲从结婚到现在一直与一大家人生活在一起。周桂芬想着减轻儿子媳妇的负担，多次动员小两口分家，但儿子媳妇都没同意，说一家人在一起比什么都好，有困难大家一起解决，日子会一天更比一天好。虽说儿子媳妇常年在外面打工，但也隔三差五打电话询问家里情况，只要爷爷奶奶买药住院需要用钱，儿子媳妇二话不说，马上往家里打钱。二儿子罗永亮参军在兰州服役，每月也按时给家里打钱，两位老人总说老二还没成家，让他自己存点钱将来娶媳妇，但老二认为，为国尽忠、为家庭尽义务是做儿子的责任。在良好家风熏陶下，读小学一年级的小孙子罗金每天一放学就帮奶奶照顾祖父祖母，为他们端药送水，做一些力所能及的家务事。在一家人的共同努力下，家里新修了楼房，两位老人安享着晚年，日子过得幸幸福福、红红火火。

家庭是社会的基本细胞，家庭和睦了，社会才能和谐稳定。尊老、爱老是中华民族的传统美德，是子女应尽的义务和责任。每个人都将不可避免地走向衰老，为下一代树好尊老、爱老的标尺，让他们在良好家风熏陶下成长，让他们懂得爱心、孝心是每个人都应该具备的责任和品质。只要爱心无涯、孝心永驻，就能使家庭和社会获得双赢。

好儿媳岳安菊

古语说得好"百善孝为先"。尊敬长辈、善待父母是做人的本分，是中华民族的传统美德，也是各种品德形成的前提。亲情是一个人善心和良心的综合表现。

在白田坝社区，就有这么一位爱老、敬老的好榜样岳安菊。多年如一日不辞辛苦孝敬长辈，无微不至地照料自己的婆婆。在社区居民中赢得了良好的口碑，得到了乡亲们的一致好评。

岳安菊今年 49 岁，1988 年嫁入赤化镇白田坝，婚后生育了两个女儿。公公早年病逝，现在一家人和 90 岁的婆婆李素华生活在一起。

李大妈每当和左邻右舍谈论起自己的儿媳妇，脸上总是洋溢着难以言说的幸福，她夸耀儿媳说，"儿媳妇与我从来没吵过架，也没有红过脸。我能有这样一个好儿媳妇，是我前世修来的福啊！"在左邻右舍的心目中，岳安菊可是个孝敬婆婆的好儿媳、疼爱丈夫的好妻子、关爱子女的好妈妈。

岳安菊对于父母不管付出多少心血、多少汗水，总是说这都是我应尽的义务，深知父母恩，行孝不辞劳。有好吃的总是先拿到婆婆面前，让她先品尝，做饭时先考虑老人能不能吃，合不合口味。饭后闲余时，就带婆婆去河边或广场走走逛逛，活动筋骨，并陪她聊聊天。婆婆在家，她从不出远门，即便是到广元女儿家去走走，也一定提前请姐姐到家陪伴婆婆，安排好生活起居她才放心离开，但最多也只是一个晚上。记得有一次她到女儿家刚一天，姐姐就打电话说婆婆病了，她给女儿打了声招呼立刻往家里赶。一进家门，她急忙就到厨房为婆婆做了可口的饭菜。婆婆端着碗说，还是媳妇在家好呀！只要能吃上你做的饭，我的病就好了。她明白，婆婆是不习惯她不在家的日子。从那以后，岳安菊就想，能不去女儿家就尽量不去，即便是有事不得不去一趟，也是快去快回，绝不在女儿家过夜，以免她不在家婆婆会想她。她常说，婆婆这辈子不容易，以前社会动荡、生活艰辛，日子不好过。现在条件好了，日子好过了，公公走得早，孤独的时候能有儿子、媳妇、孙子陪她解闷，与她拉拉家长里短，讲讲外面的新鲜事、聊天说话是我们这些晚辈应尽的孝心和义务。

岳安菊常说，谁都有父母，谁都有岁数大的那一天，我自己也有女儿，我也有需要别人照顾的时候，我现在要为下一代做榜样，好好孝敬老人，等我老了，女儿们才会孝敬我。她还说，一个人如果连孝敬父母、报答养育之恩都做不到，谁愿意和这样的人打交道呢？总而言之，孝亲敬老、孝敬亲人及父母是晚辈应尽的责任和义务。

岳安菊的行为深深地影响着她的下一代。已身为儿媳的女儿继承了母亲的美德，在夫家恪守妇道，精心侍奉公婆，细心照料子女。左邻右舍的村民也以她为榜样，纷纷效仿。那些平时里与家里老人有矛盾的儿子媳妇，在她的影响下也慢慢和解，一时间白田坝孝老敬老之风盛行。

父爱如山的杨武成

2009 年的一天，白田坝社区杨武成一家原本平凡幸福的日子被一场意外彻底打破。33 岁女婿何明康下班后骑摩托车行驶在利州区宝轮镇财神庙附近突发车祸，车祸造成女婿多处撞伤。经医生全力抢救，多方治疗，出院以后仍然下肢瘫痪丧失行动和失去生活自理能力。突如其来的变故，给这个普通的家庭带来了严重伤害。女婿何明康一时心灰意冷，眼看着上有老、下有小，自己不但不能好好地照顾家人，反而成为家庭的负担、累赘。他万念俱灰，绝望、沮丧，无法想象明天应该怎么去面对。

杨武成看在眼里，痛在心里。为了这个飘摇的家，为了让女儿放心工作，为了让孙子安心学习，杨武成此时做出了家人意想不到的决定，毅然放弃在外做木工挣钱的机会，回家专心照顾女婿。何明康震惊的同时，心中感到阵阵温暖，而"父爱如山"这 4 个字是对杨武成这一决定地最好诠释。

10 年来，早起的人们总能看到这一老一小在河堤上相互搀扶的身影。是的，从 2009 年至今，杨武成每天 6 点准时起床，先服侍女婿洗漱、吃饭……然后，用轮椅推着女婿到河边公路人行道散步、散心，帮助女婿康复。岳父细致入微的关心照顾，让原本心灰意冷的何明康深深感动，主动配合治疗，积极面对生活，抑郁的心情也逐渐乐观开朗起来，身体也开始慢慢好转。杨武成待何明康恢复一些后，便引导他进行康复训练。父子俩每每天早上准时来到河边，借用河边护栏进行康复训练，风雨无阻。也是从那一天开始，人们都会看到一个慈祥、仁爱的老父亲搀扶着女婿顺着栏杆，犹如咿呀学语小儿般一步一步地教其行走。生活的不幸没有打垮一家人的意志，而是将一家人的心连得更紧，这就是人性的光辉和可贵！

杨武成是一位伟大的父亲，十年如一日不辞辛劳地照料着何明康的生活起居，任劳任怨、无怨无悔、默默付出。用如山的父爱创造出了医学奇迹，让下肢瘫痪的何明康现在能独自扶着栏杆行走，能扶着栏杆从家里的一楼爬到五楼，再从五楼下到一楼。杨武成说，我从来都没有将何明康当女婿看，在我的心里，他就是我的亲生儿子。事实上，何明康一出院，杨武成就计划花10年功夫来为他做康复训练，现在已经是第6个年头了。康复计划如预想那样，有效果了，再训练4年，何明康的生活也能自理了。

杨武成用父爱点亮了何明康生活的希望，将家人紧紧团结在一起，用积极乐观的心态面对生活的磨难与不幸，他用实际行动注释了人性的真、善、美，他的行为也成为村民们口中的美谈。

母爱如歌的杨贵兰

杨贵兰，女，现年44岁，家住赤化镇司马村二组，目前家中有4口人。

杨贵兰夫妇育有一儿一女，女儿罗凤杰目前是四川西华大学在读研究生，小儿子在宝轮中学读初中。杨贵兰的丈夫罗开润长期在外打工挣钱，供养两个孩子上学。杨贵兰虽然没有高深的学历，但她明白一个朴素的道理，家庭是孩子的一面旗帜，父母是孩子的一面镜子，父母的举止言行对孩子有着潜移默化的影响。因此，杨贵兰非常注重对孩子的早期教育，从不迁就溺爱，要求孩子做事要自觉，学习要刻苦、努力，生活要乐观、简朴，做人要宽容、诚实。她总是把孩子们当做朋友，凡事尊重他们，重事实，重启发，从不以说教的方式加以强制。时时处处，她总是用自己的实际行动为孩子们树好标杆和榜样。丈夫不在家，她就将一家人的生活重担全部扛在肩上，一家4口人2亩多地根据季节种上庄稼，打谷子搬包谷都是她一个人干，在她的精心侍弄下，田里每年要打1000多斤谷子，地里每年要收1000多斤玉米。而且养猪、喂鸡一样都没少。她常常对女儿和儿子这样说："路是自己走出来的，幸福是奋斗出来的，自己要学会选择，妈妈只有给你引路的权利，没有替你走路的权利，人生之路还得自己好好把握。"这语重心长的话深深地印在了孩子们的心里，一直伴随着孩子们健康成长。两个孩子也因为看见妈妈每天早出晚归，忙完家里忙地里，都不敢懈怠学业。

　　杨贵兰除了在思想上教育孩子，行动上影响孩子，在生活上对孩子们照顾得更是无微不至，倾注了心血。每天早上为了让孩子吃上一口热饭，别人还在沉睡她就起床为孩子煮早饭了。为了给孩子营造一个良好的学习环境，不影响孩子的学业，她从不看电视。孩子写作业，她就在旁边剥包谷、做家务，这种习惯一直坚持到现在。

如今，她的大女儿正利用暑假期间参与研究生社会实践活动。小儿子与姐姐相差 10 来岁，是一位性格开朗、品学兼优的好学生。人们都说，母爱如歌，杨贵兰用中国女人特有的温柔、贤德，为孩子们上了人生的第一课，让孩子们踏上了一条辽阔的成长之路。

好人榜

为大力推动农村精神文明建设，弘扬真、善、美，政府每年都会评选各个行业领域的模范标杆，通过榜样和标杆来引领村民形成尊老爱幼、明礼诚信、与人为善、孝敬父母、善待长辈，关爱子女的良好社会风尚。

2017 年，赤化镇党委政府根据利州区政府《关于评选"两扶一树"十好模范文件精神》，在全镇 9 个村组社区 12000 多村民中评选出 90 位十好先进人物代表。并在 2017 年 6 月 24 日"生动利州"暨"红色记忆·活力赤化"文艺晚会上为代表们戴上大红花，举行了隆重地颁奖仪式。这一隆重仪式在群众中引起了强烈反响，村民们纷纷效仿，以他们为榜样，修正自己的言行，改正不良生活习性。一时间，讲究礼仪、尊老爱幼在赤化镇蔚然成风。我在好人榜中挑选出了10位模范作了简单记录，以备后人能够记住他们，学习效仿他们。

伍元志，住赤化村一组，脱贫自强好榜样。在脱贫攻坚中不等不靠，坚持自力更生，自觉爱护家园及环境卫生，家庭和睦、邻里和谐，通过积极发展养猪、养鸡产业，实现了率先脱贫。

李寿生，张公村五组，感恩奋进好公民。邻里和睦，家庭和谐，知恩感恩，能积极为集体建设和经济发展努力，主动做好群众动员和政策宣传，在脱贫攻坚工作中，积极帮助困难群众脱贫奔康。

赵群松，信用社工作，不忘初心的好干部。党性原则强，服务群众热情，在脱贫攻坚工作中，主动上门为困难群众宣传政策，为99户贫困户办理授信额268万元，实际发放贷款49户210万元，有力扶持了困难户发展核桃、中药材种植及猪、羊、牛养殖等产业致富增收。

罗万莲，石羊村七组，孝亲敬老好媳妇。丈夫常年在外务工，长子残疾，她坚持细心照料瘫痪多年的婆婆和70多岁的公公，毫无怨言，直到两位老人去世。她的行为在石羊村成了家喻户晓的美谈。

白惠丹，赤化卫生院工作，家风优良好家庭。丈夫是一名川藏线汽车连军人，自己用爱心营造了一个和谐温馨的大家庭，爱岗敬业、家庭和睦、同事及邻里关系友善，被同事和群众夸为好护士、好妻子、好母亲、好军嫂。

李建华，石羊村三组，创业引领好能手。2000 年退役后于 2013 年当选为七组组长。创办了恒川建材公司，带动了当地经济发展，解决了部分群众本地就业增收，受到干部、群众广泛认可。

杨朝荣，赤化初中，立德树人好教师。为教育事业耕耘了 37 个春秋，他热爱本职工作，安教乐教，一丝不苟，兢兢业业，尽心尽责。连续几届带小学毕业班都取得了优异成绩，多次获得区级优秀班级表彰。

谢明爽，石羊村八组，品学兼优好学生。品学兼优、乐于助人、热爱集体、发展全面。她的国画作品《可爱的松鼠》在 2017 年由中国国际儿童艺术教育交流协会等单位联合组织的第 11 届 CCP 国际童画创意大赛、成长的足迹·第 20 届全国幼儿创意美术大赛中获金奖。

罗发应，泥窝社区，安全生产好标兵。注重安全生产现场工作，能及时排查处置安全生产隐患，模范遵守和执行各项安全生产规定，多年来未发生过任何安全事故。

邓兴聪，赤化村三组，建言献策好声音。历任镇、村、组干部，拥护党的路线、方针、政策，对群众服务热情，对工作负责，有公心、有公信，能主动为村组发展建言献策，积极做好群众矛盾化解和政策宣传、解释工作。

第十五章　《美丽赤化》创作谈

赤化这片热土，于我有着至深的情感。从我的祖奶奶断然决然地离开故土，带上我的爷爷历经千辛万苦到白田坝讨生活的那一刻起，我的血液便流淌在这片热情的土地上。

一

我是如此的幸福和幸运，就在我魂牵梦绕的当头，2017 年初，在赤化镇党委政府的大力支持下，我怀着无比激动的心情踏上了这片熟悉而又陌生的土地。在她的怀里，我寻着先祖的气息，开始了长达 3 年时间的采写创作。

事实上，在最初的创作设计中，我想表达的是：赤化在时代潮流中的新变化、新风貌。但是，随着不断深入广泛地走访，我惊奇地发现，在这片热情的土地上，红色文化和本土文化是那么的丰富和厚重。更让我感到震惊的是：每一个村都没有完全相同的文化。这个发现让我改变了原创作设计，萌生了一个村写一个章节的想法。可说来容易做来难，关键是一个村一个章节怎么写？又如何写才能将历史文化和时代变化全面融合？带着这些困惑，我先将走访过的村庄在脑海中进行了一次完整编排过滤，最终拟定出了新的创作方向：一方面是挖掘历史景点，寻根求源，勾勒出一幅详细的历史景物"指章图"。另一方面将每个村的发展历史进行全方位记录，深度展现新时代下的乡村演变史。

带上全新的创作思路，我开始了长达 3 年时间的走访采写工作。

3 年时间，我走遍了赤化镇 2 个社区、8 个村和 20 多个村小组。在盘旋的公路上疾驰，在乡村小道上行走，到红军走过的地方重温革命历史，到南华宫瞻仰南华老祖留下的足迹，到农户家了解产业发展之路，和第一书记面对面交流……在行走过程中，我深切地感受到这片红色土地近年来所发生的天翻地覆的变化。

二

行走的记忆是如此深刻和清晰。

还记得 2017 年初，我第一次从广元出发到赤化镇，走的是陵宝快速通道。虽然，这条道路我是经常要走的，因为我的爸爸妈妈住在宝轮镇，我要常回家去看望他们。但到赤化镇去再走这条道路的感觉和心情是完全不一样的，我更加关注正在发生的事情。广元人都知道，陵宝快速通道是 2008 年 "5·12" 汶川大地震后澳门援建项目，2009 年 5 月 6 日动工到 2010 年 11 月完工，历时 18 个月完成全线通车，全长 14.3 公里。在这里我不得不说，陵宝快速通道的原身是国道 212、108 共线。1932 年，国民党军队为了躲避中国工农红军的进攻，仓促之中修建了这条道路，主要是为了运送粮食和武器。可是，道路还没有修好，国民党军队就全线崩溃。新中国成立后，这条道路经过几代人的重修整治，加宽、推平。直到 20 世纪 70 年代末期，国道 212、108 共线才陆续铺上了沥青路面。在此后的 20 多年时间里，国道 212、108 共线承担了川、陕、甘三省货物运输、南来北往的交通出行，为解决城市供应粮食到位、居民日常生活用品保障和执行重大历史使命立下了汗马功劳。

　　星球运转的密码，谁也无法预测。

　　2009 年是 "5·12" 汶川大地震灾后重建之年。多么令人感动，兄弟省市纷纷向重灾区广元伸出了援助之手。其中澳门投资 1.8 个亿在旧国道 212、108 共线上拓宽、拉直、改道。2010 年，一条双向柏油快速车道建成通车。从此，通过陵宝快速通道到宝轮镇不到 20 分钟，大大缩短了广元市到宝轮镇之间的行程时间。

时间到了 2017 年，政府采取社会资本进入方式，将在建国道 108 线陵江至鸭浮岩段相接。今天，我开车从新国道 108 改线，几分钟就穿过马桑树隧道，跨过白龙江大桥，顺着清江河一溜烟就到了赤化镇地界的 108 国道。

随着采写时间的推移，大地裂变的声音越来越清晰。是的，在精准扶贫政策扶持下，乡村公路是一天一个样。

还记得 2017 年初，我第一次经赤化老街到张公村去挖掘牛灯文化，走的是单车道水泥路，坡陡弯多，像我这样的女司机开车，很是恼火。今天，赤白路就像一条盘山线，连接赤化到雷家、张公、冯家，一路通向白朝，连接到青川，在山峰与山峰之间盘旋，在峡谷与峡谷之中穿行。赤白路的畅达，翻山越岭的距离转身化作一条乌黑油亮的腰带，它在群山之间为人们搭建起了一条畅达无阻的通天大道。张公村也因为道路交通的改变得以脱贫摘帽，成为山尖上的幸福新农村。

三

开山辟路的中国精神，从愚公移山的那一天起就从来没有停止过。

我到泥窝村、幸福村走访的时候，人们说得最多的就是修路。泥窝的老书记雷丕秀，2003年初从利州区水务局退休后就主动申请当上泥窝村的村书记。那时的泥窝是真正的泥涡，晴天一身灰，雨天一身泥。为了改变泥窝村贫穷落后的面貌，老书记雷丕秀硬是凭借着那股为民做事的初心使命，跑上跑下筹集资金，开大会动员村民集资捐款，想尽千方百计修通了泥窝通往外界的道路。幸福村的村书记们更是一届接一届地传递接力棒，将修路的担子扛在肩上，硬生生地用肩挑背磨的方式在陡峭的岩石上凿出一条公路来，这是多么伟大的中国精神啊！

在我走访泥窝、幸福这两个村庄的时候，他们多次提到从赤化走出的老红军尤胜奇。尤胜奇1935年跟随红军参加革命，抗战结束后就职于四川省财政厅，为了解决家乡人民出行难问题，他向省财政厅申请了20万元资金，在清江河上修建了漫水桥。因此，漫水桥成为赤化镇历史上第一座连接沿河两岸百姓通行的桥梁，解决了老百姓过河难问题。

相信所有的等待都不是无休无止，相信所有的期盼都不会是无边无际。

当时间大踏步地跨进21世纪，在这个伟大的时代，让老百姓头痛的出行难问题得以全部破解。今天，赤化境内的清江河上已经横跨着4座大桥，它就像4条雄壮的昌龙，威风凛凛地横卧在清江河上，让沿河两岸畅达无阻。

四

常言道：一方水土养育一方人，一方山水有一方风情。是的，每一寸土地都是母亲的肌肤，每一条河流都母亲的乳汁。

在行走过程中，我逐渐发现，那些立于时代的赶潮人，改革开放几十年，都从未离开过这一方水土，一方山情，始终亲吻着母亲的肌肤，吮吸着母亲的乳汁。

石羊村的村书记杨成全，几十年前，放弃做生意赚大钱的机会，在村民们的一致推选下担任村书记。他坚守初心，担当使命，为新村建设，产业发展，脱贫攻坚奉献了自己的青春岁月，得到了老百姓的认可。农民企业家宋吉亮，从改革开放初期贩卖猪肉开始，抓住了每一次发展的机会，摆脱贫困，积累上亿资产。当精准扶贫的号角吹响后，他又转身成为一个帮扶者，主动为脱贫攻坚出力出资金，为修建乡村道路做贡献。果树大王赵利平，拥有一片属于自己的果园是他一直的梦想，而在时代的机遇下，他实现了自己的梦想，拥有了一大片花果山，种植了 40 年本地土李子的郭金生，始终不变地栽种本地土李子，是远近闻名的李子大户。他从不打广告，40 年时间，他的名字就是他最响亮的代言。像这样的事例还有很多很多，我只恨笔穷纸短，无法一一道来。

五

深厚的红色文化，总是赋予这片土地永不枯竭的精神动力。

随着走访不断深入，我惊奇地发现，在这片红军走过的土地上，每一个村庄都有她独特的文化：赤化村的红军文化、清江村代代相传的红军精神、曹氏祠堂里的红 31 军医院、冯家村那片英雄的土地、张公岭的牛灯文化、南华宫文化、石羊村的历史、司马村的来源，都让我感到震惊。是的，在广袤的国土之上，所有的村庄都是相同却又都是完全不相同的。每一个村庄，都写满了波澜壮阔的故事，历史的故事和时代的故事，昨天的故事和今天的故事，这些动人心弦的生动故事，让神州大地散发着悠远的芬芳，让华夏儿女为之骄傲和自豪。

六

食物给予味蕾的享受，至今都让我馋涎欲滴，留恋不舍。

在这片红色土地上行走的这些年里，赤化镇的美食也总是让我念念不忘。每次探访结束后，热情的赤化人都要邀请我到新街上的清江饭店去享用红烧黄辣丁和酸辣土豆丝这两道令当地人引以为荣的菜肴。黄辣丁麻辣有味，酸辣土豆丝是酸爽可口。时间长了，我也了解到清江饭店的经营者曹志平一家人的幸福之路。曹志平的母亲是改革开放后第一批下海的淘金人，80年代初在赤化镇老街经营一家小餐馆。时代的机遇给予了她无限幸运，借着这一股春风，曹志平的母亲很快就成为远近闻名的万元户。曹志平成家后，母亲就将小饭馆交给儿子经营，算是子承母业。

2015年，赤化镇境内的108国道扩建，曹志平家老街的房子也在拆迁范围之列。房屋拆迁后，在政府统一规划下修建了这栋六层高的新楼房。这栋紧靠清江河108国道的新楼房的建成入住，让他有了更大的发展空间。利用一楼宽敞的门面将小饭馆换成了饭店，增加了菜肴品种，扩大经营范围。自己再住一层，余下房屋用来出租，一年也有可观的租金收入。清江饭店现在夫妻二人共同经营打理，曹志平在厨房负责烹饪菜肴，妻子负责食材采购、洗菜等。夫妻俩一直守护着这个小家庭，从未动过外出打工的念头。现在，清江饭店门口是新扩建的108国道线，南来北往的旅客增加了，食客量也增加了。再加上清江河面上4座大桥将沿江两岸紧密相连，烹饪食材更是丰富新鲜，夫妻俩的生意也是越做越红火。

七

这是一次多么神奇的旅行。行走，让我亲眼见证了赤化速度。

赤化到剑门关高铁站，10多公里路程，17分钟就可到达。赤化到盘龙机场17公里路程，25分钟即达。赤化到昭化古城20多公里路程，20多分钟车程畅游古城风貌。上绵广高速从东边宝轮镇走14公里，15分钟上高速，从西边走剑门关12公里，14分钟上高铁。便捷畅达的交通出行，改变了赤化人的日常生活，让赤化人有了更加广阔的生活空间。信息更加畅通，生活更加有味，同时也让乡村文化与城市文明进行了深度融合，让赤化人彻底进入了城乡一体化生活模式。

两年时间，我亲眼目睹了广元最美的桥梁——赤化镇鱼浮式大桥建成通车。这座鱼浮式桥梁，是拥有波浪式栏杆、水滴式路灯的网红桥，是赤化镇境内清江河面上的第4座桥梁。

展望未来更美好。

具赤化人讲，一座新的红石大桥正在酝酿之中。此桥建成，红星到石羊的距离将由曲线距离变为直线距离。多么好！那时的赤化镇，应该是心路村路，路路通了吧！

八

历时3年多时间，今天终于落笔完稿。

我是如此的幸福和幸运，时逢盛世，有机会目睹片红色土地的美丽转身。

真的，山野清风望子归，美丽赤化唤儿回。

时间酝酿出甘甜的美酒，那扑鼻的芬芳，是乡愁的味道。

在这里，我要感谢赤化镇党委政府给予我的大力支持和信任，没有党委政府的支持，我没有机会走进这片红色的土地，接受红军精神的洗礼。我要感谢白刚书记和王兵镇长对文化的重视和热爱，没有二位领导对文化的高度认同，我没有提笔书写这片红色土地走过 100 年风雨历程的机会。我要感谢赤化镇全体干部职工，在采写创作期间，赤化镇干部毫无保留地为我提供了大量翔实资料，让我有机会将沉淀在历史长河中的故事打捞出来，整理成文。我要感谢赤化镇所有村委会班子成员，在我采写期间，他们不厌其烦地给我讲述村里的感人故事，为我提供创作素材，助我完成文稿。我要感谢赤化镇这片红色土地，她是我完成创作的动力和决心。我要感谢观山碥的花果山，让我有机会体验爬树摘仙桃的快乐，体验天宫蟠桃宴会的盛况。我要感谢这个伟大的时代，她为我提供了取之不尽、用之不竭的创作源泉。我要感谢广元市散文学会的精心培养，没有社团组织之间的相互交流学习，我不会用开阔的思维方式和宽广的视角来完成文稿的构思和创作。我要感谢利州区税务局给我宽松的工作环境，让我有充足的时间投入创作，完成文稿。我要感谢利州区养路段高级工程师徐廷远，他帮我梳理出道路的修建时间，让我笔下的道路更加清晰。我要感谢著名作家蒋蓝大哥对我的精心指导，他让我的文稿用词更加准确规范。我要感谢《青海杂志》原主编辛茜姐姐，她在表述细节上给我的提示和点拨。借此机会，我要感谢所有帮助我完成书稿的领导和朋友，谢谢你们，没有你们的支持和帮助，我没有勇气完成10多万字的书稿。

如果说有人要问，还有什么样的力量促使你用3年时间不知疲惫地穿行于乡间田野，完成创作？我会毫不犹豫地回答：因为我是大地的孩子，是这片红色土地的女儿。

此时，窗外阳光灿烂，大地正绿。多么好，又到人间最美四月天。那么，待到秋风凌空起，金色撒满大地时，我们再次相约美丽赤化吧！

附录一：赤化镇政府全宗指南

（1985~2019 年）

一、全宗沿革

（一）机构沿革

赤化镇治白田坝，镇以治地名，故名赤化镇。

"赤化"之名始于 1935 年中国工农红军围剿国民党残余部队进驻白田坝。

白田坝得名始于新中国成立前，白家沟一白姓大户人家的小姐，据说白家小姐在一个寒冷的冬天站在白家沟沟口向外望，白田坝霜满大地，白茫茫的一片平地，白田坝便因此得名。

公元前 316 年，秦灭蜀的必经之地，司马错两次伐蜀途经白田坝，并在司马口安营扎寨。

1935 年初，红 31 军所部进入白田坝开展革命斗争中建立赤化县苏维埃政权。

1962年，为纪念红军在此建立赤化县苏维埃，白田坝被上级部门郑重更名为赤化乡。

1992年10月，撤销广元市市中区赤化乡，实行"以镇代乡"的管理体制，赤化乡更名为赤化镇。

2019年12月，在乡镇行政区划调整中，赤化镇合并到宝轮镇。

（二）人文历史

赤化，悠悠清江河畔。

清江河如一条长龙，它从摩天岭南麓出来，穿过龙门山北端，

一派碧波由西北向东南，浩浩荡荡地流经唐家河国家级自然保护区、青溪镇、桥楼乡、曲河乡、前进乡、关庄镇、凉水镇、七佛乡、马鹿乡，到竹园镇汇入黄沙河，再经宝轮镇注入白龙江，在广元境内全长154公里。

在清江河的尽头，有一片群山环抱的黑土地，它地势平坦，土地肥沃，春种一粒粟，秋收万颗子，人们亲切地叫它——白田坝。这就是赤化最初的名字。

从白田坝到赤化，历史的天空闪耀着一颗颗红星。这些红星，不知疲倦地给我们讲述着那撼天动地的红色情怀，讲述着赤化这个名字所蕴含的悲壮往事：

1935 年初，红 31 军为了阻击国民党军队，从苍溪行军到老昭化绕牛头山到大朝，上二郎山，走沙坝，从剑门关背后再到白田坝驻军。徐向前元帅的指挥部设在了赤化街场头的南华宫。

英勇的红军一进驻白田坝，就展开了轰轰烈烈的革命斗争，建立起了苏维埃政权。苏维埃政权的建立时间虽只有短短 28 天，但和其他县的苏维埃政权一样，进行了基层政权建设、武装斗争和打土豪分田地，共建立县、区、乡、村四级苏维埃 78 个。其中，县苏 1 个、区苏 2 个、乡苏 16 个、村苏 59 个。苏区面积达 1504 个平方公里。培育各级苏维埃干部 383 人。其中：县级 5 人，区级 11 人，乡级 118 人，村级 245 人。成立了赤化县游击大队、赤卫队、少先队和儿童团等自卫武装组织。同时积极组织动员群众参军扩红，有 784 人参加红军。

今天，赤化镇的苏维埃旧址里，红军所留存的物件依然闪耀着历史的光辉，那遗留下的诸多红色文物，依然讲述着鲜活的红色记忆。如清江村曹家祠堂的红 31 军医院，清江村村口的红军井，清江村的红军树，清江村的红军墓等。其中，令人印象最深的是，红军錾刻的 19 条永久性标语。在这些标语中，"坚决赤化陕甘川"显得与众不同，具有特殊意义和深刻内涵，是赤化县苏维埃留给人们的一项重要红色文物，更是鼓舞我们不断前进的精神动力。

（三）历任领导

1. 镇党委书记（1992 年 10 月至 2019 年 12 月）

邓绍德：1992 年 10 月至 1995 年 9 月任书记

邓家云：1995 年 10 月至 1997 年 12 月任书记

陈　勇：1998 年 1 月至 2003 年 4 月任书记

罗华章：2003 年 4 月至 2005 年 10 月任书记

梁培利：2005 年 11 月至 2011 年 12 月任书记

刘永杰：2012 年 1 月至 2014 年 2 月任书记

王思才：2014 年 3 月至 2016 年 4 月任书记

白　刚：2016 年 5 月至 2019 年 12 月任书记

2. 镇长（1992 年 10 月至 2019 年 12 月）

李其炳：1992.10 月至 1993 年 12 月任镇长

胡　冰：1994 年 1 月至 1995 年 2 月任镇长

刘泽乾：1995 年 3 月至 1997 年 12 月任镇长

罗华章：1998 年 1 月至 2003 年 4 月任镇长（兼任书记至 2005 年 3 月）

康志成：2005 年 4 月至 2005 年 11 月任镇长

李长城：2005 年 11 月至 2009 年 11 月任镇长

姚志斌：2009 年 12 月至 2011 年 7 月任镇长

张玉全：2011 年 8 月至 2014 年 3 月任镇长

王　兵：2014 年 4 月至 2019 年 12 月任镇长

二、档案情况简介

（一）档案的数量及保管期限

镇政府综合档案室现有文书、婚姻登记档案，共×卷（册、件），档案排架长度×米。其中，文书档案起止年度为 1986 年至今年，共×卷，其中分为永久卷，长期卷，短期卷；婚姻登记档案起止年度为 1986 年至今年，保管时间为 100 年。

（二）档案的完整程度

除因历史原因未能收集到较早期的档案之外，20 世纪 80 年代后开始的各类档案均收集的较为齐全完整，整理归档之后保存完好，未发生遗失现象。另外，根据上级部门有关档案移交进馆的规定，综合档案室形成的 1985 年之前的永久、长期文书档案已由区档案局于 1985 年接收保存。

（三）档案的利用价值及鉴定情况

室存档案是镇政府的宝贵财富，是重要的信息资源，是编史修志、工作查考的重要依据。各类档案在实际工作当中均有不同程度的利用需求，综合档案室均能够按规定提供利用。室存档案对促进专业化镇经济发展和社会全面进步起到了积极和重要的作用。

（四）档案的整理情况

镇政府形成的各类档案均在档案室的监督指导下立卷整理。

文书档案由各部门每年向档案室移交文书材料集中整理；婚姻登记档案由负责婚姻登记的人员整理后移交档案室保管。

三、档案内容与成分介绍

（一）文书档案

镇委、镇政府及内设各部门在党务、群团和行政管理等各项工作过程中形成的档案，主要内容有：

1. 镇历次党代会、人大会、妇代会、侨代会、团代会等会议材料及各种总结、表彰、工作会议文件；

2. 历年党委、镇长办公会议记录；

3. 市委、市政府、组织部、镇委、镇政府等有关机构、编制、人事任免、奖惩等的请示、批复、通知、决定；

4. 镇委、镇府及各部门各下属单位历年工作总结、计划、统计表、年报；

5. 市国土局、镇政府等关于土地规划、征用、管理，城镇规划、管理等的请示、报告、批复、协议书；

6. 镇委、镇政府制定的经济发展、农村改革、城乡建设、工业生产、科教文卫、精神文明等的决定、办法、通知；

7. 历年工农业生产、商业等有关统计表、年报；

8. 历年教育工作统计综合表及中小学基层表；

9. 历年党员干部名册、统计表；

10. 其他应归档材料。

（二）婚姻登记档案

本镇在婚姻登记工作中形成的有关材料，主要内容有：结婚申请书、离婚申请书，出具夫妻关系证明及解除夫妻关系证明，收回的结婚证、离婚证等。

附录二：赤化镇大事记（摘录）

（2015～2019 年）

2015 年

1 月份

5 日　区委组织部副部长白峰一行到赤化镇幸福村等地检查基层组织建设工作。

7 日　利州区优秀年轻干部一行 10 余人到赤化镇参观学习，区相关部门负责人陪同。

9 日　省深化农村改革领导小组办公室主任冯建在市委书记马华、市委副书记邹自瑾的陪同下考察赤化深化农村改革工作。市级相关部门负责人、区委副书记、区长刘襄渝、区委副书记张勋图、赤化镇党政主要领导参加。

13 日　一是市政协副主席何成礼一行在区政协副主席苟守

明、赤化镇主要领导陪同下调研赤化镇泥窝社区、赤化现代农业园区建设工作。二是副区长阳定兵带领经商局、招商局等部门深入赤化镇调研清江、石羊工业园区、大唐火电项目建设工作。

14日 广元驻蓉办事处副主任徐陶带领客商到赤化镇考察生态产业项目。

15日 一是泸州市水务局农水办主任周松柏带领泸县水务局罗万宣副局长一行12人到赤化镇泥窝社区参观水利产权制度改革工作。二是省农委产业发展处副处长曾世忠一行到赤化镇调研农业产业"一村一品"发展，市、区农工委负责人，赤化镇相关领导陪同调研。

16日 一是区司法局局长到赤化镇指导依法治镇工作。二是赤化镇召开扶贫开发项目工作会议。

19日 赤化镇召开2014年目标考评工作会。区委副书记张勋图到场考评并作重要讲话，区委组织部、区人力资源和社会保障局相关领导、赤化镇党委全体委员、镇机关全体干部、各村社区主要干部、两新党组织负责人参加会议。

21日 副区长辛俊赴赤化镇调研，赤化镇党委书记王思才、镇长王兵陪同。

22日 由市农工委副主任王尧带领市考评组收验，考评验收赤化镇现代农业示范区创建工作。副区长李兴鸿，区农工委、区农业局、赤化镇人民政府主要负责人参加。

23 日　赤化镇组织召开农房重建贷款暨小额人身保险工作会议。

28 日　一是朝天区陈家乡党委书记、乡长一行 50 余人到赤化镇泥窝社区参观考察新农村建设。二是赤化镇对辖区 10 个村（社区）的三职干部、廉勤监督委员会主任进行培训。三是赤化镇召开依法治理工作会，会议由镇党委副书记、政法委书记王晓辉主持，镇分管领导及各村（社区）干部参加了此次会议。

30 日　一是区人大党委会副主任、党组书记侯晓林深入赤化镇张公村慰问困难群众。二是区老促会会长费茂如等一行 10 余人深入赤化镇雷家村走访慰问困难群众。三是赤化镇组织辖区各村（社区）网格员召开网格化工作管理培训会。

2 月份

4 日　省委农工委专职副书记夏应榆、谯英等领导前往赤化镇调研泥窝社区建设及农村产权制度改革工作。

5 日　赤化镇召开干部述职考评暨村（社区）书记"一述三评"大会，镇机关全体干部职工、镇延伸部分负责人、各村（社区）书记、主任参加会议。

10 日　一是区委常委、区纪委书记陈内召带领区委组织部、区民政局、区残联、团区委、区妇联等相关部门工作人员一行到赤化镇冯家、张公、石羊等村，对困难群众、优抚对象、残疾人、留守儿童等人员开展春节慰问活动。二是区纪委派驻第一纪工委书记尚敏带领检查组一行到赤化镇检查指导村务公开工作。

11 日 一是赤化镇组织开展"迎新春、送春联"三下乡活动，活动时间为期两天，主要开展场地在赤化场镇和泥窝社区，书写春联 200 余副。二是省妇联副主席李静、儿工部部长唐敏、发展部副部长侯雪铁一行到赤化镇泥窝社区调研妇女儿童工作，市妇联主席张敏、副主席李自民、区妇联主席王晓莉、赤化镇党委书记王思才等相关人员陪同调研。三是区委常委、组织部部长孙新华到赤化镇泥窝社区调研工作，赤化镇党委书记王思才等相关人员陪同调研。

12 日 一是省水利厅副厅长李勇蔺、省农水局副局长王大全一行在区委副书记、区长刘襄渝的陪同下，到赤化镇泥窝村、赤化场镇集中供水点调研农村安全饮水工作，检查指导"十二五"人畜安全饮水工程进展，市区水务局、赤化镇主要领导及相关人员陪同。二是市交警直属三大队大队长杨蜀民带领宝轮交警中队、赤化交管办负责人，走访慰问了赤化村交通事故受害者家属。

15 日 "深入生活，扎根人民"，2015 年利州区文化科技卫生法律理论"五下乡"活动在赤化镇拉开帷幕。此次活动由区委宣传部主办，区文广新局、区科技局、区卫生局、区司法局、赤化镇党委、政府承办。

25 日 赤化镇召开镇党委书记 2014 年度抓党建工作述职评

议会，镇机关中层干部、各办站所负责人、辖区各党支部负责人、镇党员代表等人员参加。

3 月份

2 日　区卫生局局长刘映勇一行深入赤化镇雷家、张公等村调研村卫生室工作运行和建设等工作。镇长王兵、副镇长张燕、赤化镇卫生院院长李成禄等相关人员陪同调研。

4 日　市委组织部课题调研小组深入赤化镇泥窝社区调研。

5 日　省委办信息处唐贤文副处长一行到赤化镇调研泥窝社区幸福美丽新村建设和农村产权制度改革，市委副秘书长、办公室主任任立国等相关人员陪同调研。

6 日　一是利州区委副书记、区长刘襄渝带领区人武部、区体育局相关部门负责深入赤化镇泥窝社区调研利州区国防教育基地建设选址工作。二是市纪委干部职工民主生活会在赤化镇泥窝社区组织召开，参会人员 30 余人。

7 日　一是中央电视台第七套节目《乡村大世界》栏目录制"乡村大世界走进利州"节目首播。8 日晚上进行重播。赤化镇泥窝社区作为此次节目录制的主会场。二是利州区财政副局长李春英带领机关干部职工 30 余人深入赤化镇泥窝社区参观现代农业园区建设工作。

9 日　一是区教育副局长敬剑华一行来到赤化中学，对开学情况进行了检查指导。二是区食品药品监督管理局许小军所长一行检查赤化镇石羊小学食堂食品安全工作。

10日 一是遂宁市委组织部副部长刘泽斌一行到赤化镇参观考察泥窝社区基层服务型党组织建设情况和新农村建设、现代农业园区发展情况，市委组织部副部长夏思法，区委常委、组织部部长孙新华等相关人员陪同调研。二是赤化镇组织召开了党员教育工作培训会。三是赤化镇召开"约会春天·泥窝踏青"赏花活动周（3月21日至27日）筹备会，镇机关全体干部职工、各办站所负责人、各村（社区）书记、主任参加了会议。

13日 一是国家统计局四川调查总队总队长丁远忠一行到赤化镇泥窝社区调研现代农业园区建设和农村产权制度改革工作。市区调查大队、赤化镇相关领导陪同调研。二是团市委副书记何明珍一行在团区委书记唐镭珂、副书记辜茹的陪同下，到赤化镇调研团委工作。

14日 省委农工委副主任刘铁一行深入赤化镇泥窝社区专题调研幸福美丽新村建设，区委常委、区总工会主席殷扶炯等领导陪同调研。

16日 中共广元市利州区纪委召开了第七届纪律检查委员会第五次全会，赤化镇全体镇干部职工参加。

18日 一是泸州市合江县白沙镇镇长曾庚带领镇党政领导一行5人到泥窝社区参观新村建设。二是省信用联社相关领导到赤化镇泥窝社区考察小农贷款资金发展事宜。

20 日　一是由四川省互联网信息办公室指导，四川新闻网传媒集团携手广元市委宣传部联合举办的"秀美四川蜀道花香""2015 全国网络媒体和三微"名人广元采风行活动首站深入赤化镇泥窝社区。二是元坝区委党校常务副校长敦福林带领元坝区200 余名村支部书记到赤化镇参观泥窝社区幸福美丽新村建设。

21 日　赤化镇"约会春天·泥窝踏青赏花"活动周在泥窝社区公共服务中心拉开了帷幕。活动为期一周（3 月 21 日至 3 月27 日），活动开幕和各节目点上现场人声鼎沸、热闹非凡。蜂拥而来的数万名游客赏花留影、结伴踏春，瞬时将这里变成了欢乐的海洋。在活动周期间，接待各地前来参加活动和旅游的人员达5 万余人。

24 日　一是市发改局副主任罗捷带领市蔬菜办、市财政局、市物价局等部门相关人员深入赤化镇现代农业园区检查城市蔬菜调价资金使用和落实情况。利州区副区长李兴鸿，区农业局局长杨洪文，赤化镇党委书记王思才，区发改局、区农业局、区财政局、区物价局等部门相关人员陪同。二是苍溪县桥溪乡党委书记刘开俊带领村支两委干部 50 余人到赤化镇泥窝社区参观考察新农村建设，赤化镇相关领导陪同。

25 日　利州区大石镇党委书记景玉勇组织带领镇村干部一行60 余人到赤化镇参观泥窝社区建设，赤化镇主要领导陪同。

26 日　一是赤化镇召开 2015 年包带活动精准扶贫工作推进

会，区级包带部门、区民政局、新农合办等 6 个部门，各村（社区）书记、主任、文书，镇机关全体干部 70 余人参加会议。二是市政法委付丕林一行到赤化镇泥窝社区专题调研依法治理及网格化服务管理工作。

28 日　一是广元军分区司令员童自勇到赤化镇泥窝社区调研利州区国防教育和民兵训练基地选址及建设工作，区人武部部长、政委，赤化镇党政主要领导陪同。二是区扶贫移民局局长赵荣一行到泥窝社区检查精准扶贫工作。

30 日　一是市政府副秘书长王灵勇带领市区发改部门一行到赤化镇调研大唐火电项目前期工作，镇党委副书记郑绍斌等相关领导陪同。二是区委办副主任、依法治区办公室主任吴林到赤化镇检查指导依法治理工作，镇党委书记王思才、分管副镇长何长果及相关人员陪同。

4 月份

3 日　一是区卫生局执法大队杨队长一行到赤化镇检查生活用水情况。二是 4 月 3 日至 12 日赤化镇劳动保障所组织在泥窝社区开办了以促进和提升农村观光旅游的创业指导培训班，60 余名农村青年参加培训。

7 日　全国妇联书记处书记谭琳一行赴赤化镇泥窝社区，主要围绕在党的领导下推进妇女儿童工作和妇联工作的好做法好经验以及在"四个全面"战略布局中发挥妇女"半边天"作用等问题展开调研，省、市、区相关领导以及赤化镇主要领导陪同。

8 日　省委副秘书长、省依法治省领导小组办公室主任杨天宗带领依法治省工作督查组一行赴赤化镇泥窝社区调研依法治理工作。市领导邹自景、邓光志，区领导张勋图、刘文武、杨晓林，市、区相关部门负责人，赤化镇主要领导陪同调研。

9 日　区教育局电教站站长董兴平一行 6 人对赤化镇石羊小学班班通设备进行验收。

10 日　一是九三学社广元市委女社员 40 余人到赤化镇泥窝社区参观考察，赤化镇负责人陪同。二是赤化镇召开 2015 年小农水项目村竞争比选会，参加人员 9 村 1 社区书记、主任、人大代表等 60 余人。入围村 8 个，分别是泥窝村、雷家村、张公村、司马村、冯家村、赤化村、幸福村、石羊村。

11 日　国家农业部发展计划司副司长刘北桦一行到赤化镇泥窝社区调研农村改革工作，副市长任华兮，区委副书记、区长唐文辉，副区长李兴鸿以及市区相关部门负责人、赤化镇主要领导陪同调研。

13 日　冯家村一组发生森林火灾，涉及冯家、石羊两村，过火面积达 100 余亩，火灾原因人为焚烧秸秆引发山火。

14 日　一是赤化镇召开精准扶贫工作推进会，区国税局、民政局、水务局等 7 个区级包带部门，镇机关干部职工和相关村书记、主任参加了会议。二是攀枝花市人社局考察团一行在市人社局郑局长和区就业局李波局长陪同下莅临赤化镇泥窝社区参观考察。

15 日　一是全市挂职干部赴赤化镇泥窝社区调研新型农村社区建设，市委组织部常务副部长匡顺华，区委常委、区委组织部长孙新华，区委常委何国林，赤化镇等相关部门负责人陪同调研。二是市扶贫移民局副局长郭良一行深入赤化镇雷家村，详细查看了精准识别过程的原始档案资料，了解贫困人口精准识别、公示公告、满意度等情况。

16 日　一是区纪委副书记周玉元一行 4 人到赤化镇检查指导 2015 年党风廉政建设及"廉洁细胞"工作开展情况。二是赤化镇召开会议，再安排再部署精准扶贫工作，区级包带部门，各村（社区）三职干部，镇机关全体干部职工参加了会议。

17 日　赤化镇网管中心组织了各村（社区）10 名网格员召开了网格化服务管理工作例会。

20 日　市残联领导深入赤化镇泥窝社区对"量服"工作进行回访，赤化镇相关领导陪同。

21 日　一是赤化镇在苏维埃遗址举行了盛大的纪念活动，游客量达 1200 余人次。二是赤化镇组织召开涉农资金专项整治行动专题会议，安排部署全镇涉农资金专项整治行动。

22~23 日，市委党校副校长何梅带领全市 150 余名初（新）任职公务员到赤化镇参观泥窝社区新村建设、产业发展。

23日 一是省人社厅政研处代处长一行到赤化镇泥窝社区调研新型农村就业和社会保障工作。市人社局副局长黎春林、区社保局局长王志斌、赤化镇相关负责人陪同调研。二是市委宣传部副部长、市文联主席赵泽中带领督查组一行深入赤化镇泥窝社区督查诗词楹联双创工作，区委宣传部、区文联和赤化镇主要领导陪同调研。三是赤化镇召开2015年安委会第一次全体（扩大）会议，各村（社区）主任、各部门负责人等安委会成员参加。

27日 区委副书记、区长唐文辉带领区府办、区发展改革局、区财政局、区交通运输局、区水务局负责人深入赤化镇调研泥窝社区、赤化河堤、大唐火电项目前期等相关工作，镇党政主要领导陪同调研。

28日 一是市委宣传部常务副部长李开明一行，在区委常委、宣传部部长冀健华，区文广新局局长何浒，赤化镇主要负责人的陪同下，到赤化镇泥窝社区检查文化大院以及文化院坝建设和使用等相关工作。二是区旅游局副局长杨梅一行到赤化镇泥窝社区指导3A景区创建相关工作。

30日 赤化镇组织召开赤化镇2015年农村公共服务运行维护机制建设工作会、赤化镇2013年、2014年涉农资金专项整治工作会、赤化镇2015年政策性农业保险工作会、赤化镇2015年防汛工作会、赤化镇2015年松材线虫防治工作等会议，各村（社区）书记、主任、文书，各部门负责人、镇机关干部参加。

5 月份

6 日　赤化镇组织召开了"新常态、新习惯、新作为"大讨论、贯彻落实区委七届九次全会精神会议、道德大讲堂等会议，参加会议人员有各村（社区）书记、主任，镇机关干部、各部门负责人50余人。

8 日　一是市委全面深化改革领导小组办公室领导市委政研室副主任石建国调研赤化镇农村产权制度改革及试点开展情况，副区长向坤道，区级相关部门负责人，赤化镇相关负责人陪同调研。二是市委政法委大调解办专职副主任王融融一行深入赤化镇，就贯彻落实十八届四中全会精神，扎实推进基层调解工作进行调研。

12 日　一是赤化镇召开第十四届人民代表大会第六次会议。二是赤化镇召开2015年工作会议。参加会议人员有镇人大代表、各行各业代表、部门负责人等80余人。

13 日　一是省政协副主席翟占一一行调研赤化镇泥窝社区，市政协副主席何成礼、市政协农工委主任杨正强、区委书记刘襄渝、区政协主席陈蕾、区委常委殷扶炯、区委农工委主任姚志斌及镇主要领导陪同调研。二是甘肃省陇南市武都区党政代表团在区委常委、政法委书记叶毅、副区长张建强的带领下，深入赤化镇泥窝社区考察农村新型社区和农村产权制度改革工作，区委常委、区委政法委书记刘文武、赤化镇党政负责人等相关部门陪同考察。

14日 一是市委常委、市纪委书记范继跃深入赤化镇调研泥窝社区党风廉政建设、大唐火电等重点项目建设工作，区委书记刘襄渝、区纪委书记陈内召、赤化镇党政主要领导陪同调研。二是副区长阳定兵深入赤化镇调研西成客专重点工程安全生产工作，镇分管领导陪同调研。三是区委督查督办室、区发改委、项目主管单位检查赤化镇重点项目推进工作。

15日 赤化镇召开党委扩大会议专题研究目标工作。

19日 一是河南省洛阳市代表团赴赤化镇，就泥窝社区乡村旅游建设、一三产业整合发展的情况进行考察。广元市政协副主席韩跃明，区领导及相关部门负责人，赤化镇党委书记王思才陪同考察。二是区纪委常委、区监察局副局长贾英带队的督察组一行5人到赤化镇就落实中央"八项规定"精神和深化正风肃纪工作进行检查。

20日 区老促会会长费茂如一行到赤化镇调研革命老区促进工作及2015年全区老区促进工作现场会布置和落实相关情况。

21日 一是赤化镇组织召开党建工作专题工作会议，研究部署组织建设、党风廉政建设、宣传思想工作、统战工作以及群团工作，镇党委委员、四大员、群团负责人参加会议。二是广元市公安局交通警察支队直属三大队组织辖区盘龙、石龙、宝轮、三堆、金洞、白朝等乡镇交管办到赤化镇开展交通安全宣传及培训工作。

22日　一是由省妇联指导，市妇联、市科技局、市环保局主办，区妇联、市交旅集团、四川广运集团、赤化镇人民政府、广元市金笑农业协办的以"大众创业、万众创新、科技惠民"为主题的广元市2015年"增强双创活力·建设最美家庭"科技活动在赤化镇泥窝社区举行。市委常委、市总工会主席周键，省妇联发展部部长邓首国、市妇联主席张敏、市科技局局长郭俊、市环保局局长冯治勤等领导参加会议并讲话，参加活动的还有川东北片区的市妇联领导，市、区相关领导及部门负责人，全市最美家庭及先进妇女代表，市巾帼示范车队队员，国大、凤台等相关酒店代表，三大互助会会员代表，赤化镇相关人员等近百人。二是资阳市雁江区委常委、区总工会主席魏碧仙带领参观团一行赴赤化镇泥窝社区考察乡村旅游。三是宜宾市屏山县副县长刘焰带领县农建指挥部相关成员单位一行到赤化镇泥窝社区考察新农村建设。

24日　市委组织部副部长夏思法带队到赤化镇考察全省优秀党委书记推荐人选王思才同志，并进行座谈和实地察看。

25日　一是区委书记刘襄渝调研赤化镇工作，赤化镇党政主要负责人陪同调研。二是区委常委、区总工会主席殷扶炯，副区长李兴鸿一行到赤化镇，调研泥窝社区新农村建设。赤化镇党政主要负责人陪同调研。三是副区长阳定兵带领区发改局、招商局、经信局等相关部门负责人，深入大唐赤化发电厂项目场地调研前期筹备工作。

26 日　黑龙江东宁县副县长严吴一行赴赤化镇泥窝社区考察土地确权颁证工作，区委常委、区总工会主席殷扶炯，赤化镇党委书记王思才等相关部门负责人陪同考察。

29 日　一是赤化镇召开全镇统战工作会议。10 个村党支部书记、镇综治办成员、赤化派出所和赤化中学负责人等 20 余人参加了会议。镇人大主席团主席向永林出席了会议。二是赤化镇组织慰问镇辖区内学校、幼儿园儿童，并观看"六一"儿童节庆祝表演。

6 月份

1 日　21 世纪教育研究院专家组杨教授一行调研赤化镇石羊小学。区人民政府教育督导室常务副主任、区教育局党组成员杨永虎，区中小学教研室副主任江川，区微型学校发展联盟理事长张平原及副理事长赵成宝陪同调研。

3 日　一是外地投资商到赤化镇考察落实直升机培训和旅游项目选址事宜，投资商考察了石羊村、纺织园区司马五组等地。二是区爱卫办副主任严金殿带队检查赤化镇环境卫生整治工作。

5 日　利州区农村集体资产股份合作制试点工作推进会在赤化镇召开，区委常委殷扶炯、区农工委、区农业局、财政局、交通局等 8 个部门以及赤化镇、工农镇等试点乡镇和相关村组干部

80 余人参加会议，会上还进行改革相关知识业务培训。

10 日　一是赤化村一组发生森林火灾，涉及赤化、石羊、白田坝社区，过火面积达 52 亩，火灾原因人为焚烧秸秆引发山火。二是召开党委会议立即再次部署防火工作。

11 日　赤化镇组织召开了 2015 年第二次安委会议，全体镇机关干部、各村书记、主任、部门负责人参加会议。

18 日　一是区人大常委会主任白发才一行到赤化镇泥窝社区，就我镇旅游产业发展情况进行调研，镇党委书记王思才陪同。二是雅安市雨城区金融办主任吴朝东带领参观团一行到赤化镇泥窝社区，就农村产权制度及农业综合配套改革等方面内容进行考察学习。三是广元市初（新）任职公务员培训班学员到赤化镇参观泥窝社区新村建设、产业发展。镇党委书记王思才及相关负责人陪同。

19 日　昭化区丁家乡参观团来赤化镇考察学习，赤化镇相关领导陪同参观。

25 日　一是西南财经大学教授组深入泥窝社区调研统筹城乡建设和农村改革工作。二是区民政局局长李晓红带队深入冯家村开展精准扶贫工作。

26 日　区检察院法治宣讲组深入赤化镇开展法治讲座，全镇机关干部、各村（社区）书记、主任参加了法治培训。

26~28 日，赤化镇遭遇大暴雨袭击，给当地农业、房屋、道路交通、基础设施带来严重损害，造成重大经济损失。区委副书记、区长唐文辉带领区级相关部门，在第一时间赶赴赤化镇，指导"6·28"抗洪抢险工作。洪灾造成全镇 3870 余人不同程度受灾，农业损失 1200 余亩，绝收 300 亩，农业损失 60 余万元；房屋受损 38 户，房屋倒塌 6 间，全镇共损毁道路 12.5 公里，道路路基垮塌 9 处 800 立方米，边坡塌方 27 处 2800 方，边沟预埋 500 米，司马大桥附属桥梁基础受损 100 立方米，张公、雷家高山片区公路中断，清江村冲毁便桥两处。

29 日　赤化镇召开庆祝建党 94 周年暨"七一"表彰大会，镇党委、政府班子成员、辖区各党支部、各村（社区）支部书记（主任）、新发展的预备党员、受表彰的先进基层党组织、优秀党支部书记和优秀共产党员，以及镇机关全体干部职工参加会议。会议由镇党委副书记、镇长王兵主持，镇党委书记王思才作重要讲话。

30 日　广元市交警支队副支队长李海斌带领交警支队事故科秦谊科长、辖区直属交警三大队队长杨蜀民等民警一行到赤化镇对交管办交通管理工作进行检查指导。

7 月份

1 日　省农业厅计财处调研员王二毛赴赤化镇调研"6·28"洪涝灾害农业受灾情况。市区相关部门负责人、赤化镇镇长王兵陪同调研。

3日　《四川日报》记者来赤化镇专访现代农业园区产业发展。市、区宣传部相关人员陪同。

6日　一是赤化镇组织镇机关党员干部到泥窝社区金银花基地、抗洪抢险现场进行助企联手、抗洪救灾志愿服务活动。二是组织全镇党支部书记、村（社区）主任、各部门负责人和镇机关干部到木门会议会址、旺苍红军城进行参观等系列活。三是赤化镇男子篮球队参加全区篮球比赛，为期15天。

8日　一是内蒙古自治区乌兰察布市农牧业局副局长于富军带领农业系统代表团赴赤化镇，就农村土地承包经营权确权登记颁证工作进行了考察。广元市农业局副调研员李龙陪同考察。二是四川省中医药管理局田兴军局长一行莅临赤化镇卫生院，调研基层卫生院中医药工作。副市长赵爱武、市卫生计生委主任吴桂华、副区长刘素英、区卫生计生局局长刘映勇等领导陪同调研。

10日　一是昭化区清水乡各村书记、主任共计30余人来赤化镇考察学习，赤化镇相关领导陪同参观。二是区委宣传部副部长马骎一行到赤化镇检查、指导宣传思想工作。

12日　全国人大常委、全国人大法律委员会副主任、九三学社中央副主席、中国工程院院士丛斌深入利州区赤化镇泥窝社区，调研新农村建设情况。区委书记刘襄渝陪同调研。

13日　赤化镇召开学习中国共产党四川省第十届委员会第六次全体会议精神会议，镇机关全体干部职工、延伸部门负责人、各村（社区）书记、主任共计 80 余人参加会议。

15 日　一是绵阳师范学院教授一行共计 10 余人在区委常委、区纪委书记陈内召的陪同下，到赤化镇泥窝社区调研新农村建设。镇相关领导陪同调研。二是赤化镇开展了农村厨师暨食品安全培训会，特邀利州区食品安全稽查大队大队长李田俊对我镇各村（社区）食品安全协管员、农村厨师、场镇各小吃店小卖部经营业主、农家乐业主 40 余人进行了培训。三是市委宣传部机关党委书记张学兵带领全市第 25 期宣传干部培训班学员 70 余人到赤化镇泥窝社区参观农村产权改革和现代农业园区建设工作。

21 日　一是市人大常委会副秘书长唐容华带领市人大常委会调研组一行到赤化镇调研"菜篮子"工程建设情况，通过现场查看、交流、听取介绍等方式，对我镇"菜篮子"工程建设工作进行实地调研。二是中央财经大学暑期社会实践团队到赤化镇参观泥窝社区，就开展的相关课题研究进行实地调研。

22 日　省文化厅党组书记、厅长、省文物局局长郑晓幸赴赤化镇调研泥窝社区新农村文化建设，市政协主席王振会，市委常委、宣传部长王华蓉，副市长赵爱武、区委书记刘襄渝等市区相关领导陪同调研。

23 日　一是西南财经大学教授李萍带领由 8 名硕士研究生组成的农业农村经济发展课题调研组到赤化镇调研。二是区政协副主席、区委统战部长赵健带领利州区党外人士 100 余人到赤化镇泥窝社区参观考察新农村建设。

24日 利州区改革试验区推进暨产权融资试点工作会议在赤化镇召开，大会由李兴鸿副区长主持。区委常委、总工会主席殷扶炯、区农工委、区农业局和赤化镇、宝轮镇等部门负责人参加会议。

30日 一是省卫生计生委行政处副处长张瑞雪、省人大代表范仕明一行莅临赤化镇卫生院，调研基层卫生院分级诊疗工作开展情况。市卫生计生委副主任邓功会、区人大常委会副主任王思刚、区卫生计生局局长刘映勇等同志陪同调研。二是苍溪县龙山镇党委副书记彭军带领各村书记、两新组织负责人一行到赤化镇泥窝社区考察学习，赤化镇副镇长雷均忠陪同参观。三是赤化镇组织镇机关干部职工和各村（社区）广大群众收看市委六届十次全会第一次全体会议电视直播。四是赤化镇召开党委扩大大会议研究精确扶贫、安全社区建设、党风廉政建设和目标等工作。

8月份

8月3日 省能源局副局长李明碌、省能源局油气处处长唐代盛等一行人到赤化镇检查金力建材公司占压兰成渝输油管道问题。市能源局领导，市天然气管委会主任朱云，副区长阳定兵以及赤化镇党委书记王思才陪同。

4日 一是甘孜州纪委一行到赤化镇泥窝社区参观学习廉洁社区示范点建设。赤化镇党委书记王思才、副书记王晓辉陪同。

二是昭化区沙坝乡党政代表团到赤化镇泥窝社区参观考察新农村建设，赤化镇相关领导陪同。

5日 苍溪县委常委、宣传部长范舜华到赤化镇泥窝社区考察学习新农村文化建设，区委常委、宣传部部长冀健华，区级相关部门负责人，赤化镇主要负责人陪同。

6日 一是区人大常委会副主任贺光钦一行，深入赤化镇就义务教育均衡发展情况进行专题调研，区教育局党组成员、区政府教育督导室常务副主任杨永虎等陪同调研。二是苍溪县人大常委会主任冯明带领党政代表团到赤化镇考察城乡一体化户籍制度改革试点工作，利州区领导及相关部门负责人陪同参观。三是昭化区清水乡干部共计20余人到赤化镇泥窝社区参观考察新农村建设，赤化镇相关领导陪同。

7日 一是省人大常委会副主任、党组副书记张东升带领省商务厅、农发行四川分行、中科院成都分院等部门相关领导一行赴赤化镇泥窝社区调研新型农村社区建设和农村产权改革工作，市委常委、副市长陈泉，区委书记刘襄渝等领导陪同。二是三堆镇党政代表团到泥窝社区考察新农村建设工作。

12日 一是赤化镇召开精准扶贫工作推进会，区国税局、民政局、水务局等7个区级包带部门，各村（社区）三职干部，镇机关全体干部职工参加了会议。二是德阳市党政代表团一行赴赤化镇泥窝社区考察新农村建设和农村产权制度改革工作，市农委杜仲富主任，区相关领导陪同考察。

14 日　区委常委、常务副区长王超，区委常委何国林，中国航空工业集团四川工业局副局长黎新一行，到赤化镇泥窝社区实地考察爱游客营地。赤化镇相关领导陪同。

18 日　赤化镇召开自来水供水工作会议，落实自来水供水经营承包权由山河供水公司承包经营，供水涉及白田坝社区、石羊村、赤化村、清江村及镇机关单位等。

22 日　广元市利州区农村产权抵押融资贷款试点首发签约仪式在赤化镇泥窝社区公共服务中心举行。市政府副秘书长、市农村产权抵押融资试点工作指导组组长任守铭出席仪式。副区长李兴鸿主持签约仪式。

24 日　一是区委常委、区纪委书记陈内召到赤化镇，调研精准扶贫工作，赤化镇主要领导及相关人员陪同。二是市、区纪委深入赤化镇开展以"纪委书记下基层"为主题的大接访活动，接访来访群众 13 批 27 人次，现场答复人次，发放宣传资料 100 余份。下午，市、区纪委领导组成的检查组一行深入赤化镇泥窝社区检查指导廉政文化示范点创建工作。

25 日　市司法局局长、市法治办常务副主任岳大文一行到赤化督导"六五"普法工作准备验收情况。镇长王兵、分管领导何长果及相关人员陪同调研。

26 日　一是赤化镇组织召开贯彻区委七届十次全会精神会

议，镇机关全体干部职工，延伸部门负责人，各村（社区）书记、主任，辖区各企事业单位负责人共 100 余人参加会议。二是组织召开纪念抗日战争胜利 70 周年暨女儿节活动期间信访维稳工作部署会议。并开展"铭记历史、缅怀先烈、珍爱和平、开创未来"为主题道德大讲堂主题讲座。三是召开 2015 年夏季安全生产暨安委会第三次全体（扩大）会议。四是广元交警支队副支队长朱文俊带领直属交警三六队队长杨蜀民一行到赤化交管办检查指导农村道路交通管理工作。

27 日　一是省人大参观团到赤化镇泥窝社区考察新农村建设，镇相关领导陪同。二是由 14 名游泳爱好职工组成的赤化镇机关代表团参加了利州区 2015 年汤山"女皇温泉杯"职工游泳比赛活动。

31 日　省发改委城乡统筹改革处处长钟国强一行到赤化镇泥窝社区调研统筹城乡综合示范工作。

9 月份

2 日　赤化镇组织召开扶贫攻坚"十三五"规划编制工作会，镇机关干部、各村（社区）三职干部、村第一书记参加会议。

9 日　一是汶川县县委常委、总工会主席刘兵，县人民政府副县长余朝波、汪国林等 20 余人到赤化镇泥窝社区参观考察农村产权制度改革工作。副区长李兴鸿、区委农工委主任母文德、区农业局局长杨洪文以及赤化镇党委书记王思才等相关人员陪同。二是第 31 个教师节，赤化镇副镇长张燕走访慰问了镇辖区内中、小学，转达了镇党委、政府对全体教师节日的问候，并送上了慰问金。

11 日　一是赤化镇召开 2015 年度小型农田水利重点县建设项目开工动员会。二是赤化镇召开精准扶贫复核扶持对象工作会。

13 日　赤化镇及时贯彻落实全区西片区扶贫攻坚工作会议精神，各村书记、主任，联系村领导、第一书记等参加会议。

14 日　一是区委组织部副部长邓晓蓉深入赤化镇雷家等高山村调研和督导精准扶贫对象核准工作。二是利州区食品药品局和工商局一行 5 人到赤化镇石羊小学检查食品安全工作。

17 日　区文化广播影视新闻出版局副局长张洁一行来到赤化镇指导综合文化站的建设工作。分管副镇长何长果以及镇文化站工作人员陪同。

18 日　市扶贫移民局副局长郭良深入赤化镇张公等村调研精准扶贫工作。

21 日　一是区法制办主任吴林深入赤化镇泥窝社区调研依法治理工作。二是赤化镇召开机关干部作风效能建设大会。

24 日　省委农工委副主任杨新元一行调研赤化镇农村集体产权制度改革工作。市委农工委、区农业局等区级相关部门以及赤化镇主要领导陪同调研。

25日 赤化镇组织召开党委扩大会议，会议主要对财务管理、安全社区、党风廉政和人事调整等工作进行了研究和安排。

29日 市委常委、纪委书记范继跃一行到赤化镇调研廉洁社区创建工作。

30日 赤化镇召开安全维稳廉政建设工作会议，安排节前安全生产检查、社会稳定维护和廉洁过节工作。

10月份

9日 四川省卫生执法总队六支队队长任蕾熹一行莅临赤化镇卫生院，调研基层卫生院分级诊疗工作开展情况。市卫生执法大队副队长付强、区卫生计生局副局长刘富道、区卫生执法大队队长姜世明等同志陪同调研。

10日 区卫生和计划生育局局长刘映勇一行到赤化镇相关村实地调研村卫生室选址工作，镇长王兵及相关人员陪同。

12日 一是大唐集团（大唐四川发电有限公司）、大唐科研院、西南电力设计院专家组到赤化镇开展新建项目核准优化内审工作，大唐广元火电项目筹备组负责人、副区长向坤道以及赤化镇相关领导陪同。二是四川省教育行业权威期刊《教育科学论坛》杂志编辑陈涵到赤化镇石羊小学采访。

13日 阿坝州茂县参观团一行到赤化镇泥窝社区考察新农村建设，副镇长雷均忠陪同参观。

14 日　农业部副部长陈晓华一行调研赤化镇农村综合改革工作，区委副书记、区长唐文辉，区委常委、区总工会主席殷扶炯等领导及赤化镇相关领导陪同。

15 日　中国城镇化促进会副会长李兵弟一行调研赤化镇幸福美丽新村建设情况，区委常委、区总工会主席殷扶炯等领导及赤化镇主要领导陪同。

16 日　一是省国土资源厅常务副厅长杨文杰调研赤化镇农村七权改革工作，市国土资源局长赵自学，区人民政府副区长李兴鸿等领导及赤化镇主要领导陪同。二是赤化镇组织召开了 108 国道改线（赤化至剑阁段）征地拆迁启动会议，参加会议的人员有市、区拆迁办、区交通局、赤化镇相关负责人，赤化、石羊、白田坝社区村组干部及群众代表 70 余人参加了会议。

21 日　赤化镇组织召开党风廉政建设暨干部警示教育大会，并邀请区纪委第一纪工委书记尚敏、区建设局纪检组长姜冬莅临现场指导工作，镇机关全体干部、延伸部门负责人、各村（社区）三职干部、廉勤监督委员会主任等参加会议。

22 日　市妇联副主席蒋琳一行莅临赤化镇卫生院，就《四川省妇女儿童发展纲要（2011—2020 年）》和《四川省儿童发展纲要（2011—2020 年）》落实情况进行中期督导检查。区政协副主席范雪梅、区卫计局副局长胡广平及赤化镇政府相关领导陪同。

26日　赤化镇召开精准扶贫对象复核工作推进会议，参加会议的有村（社区）书记、主任、文书，第一书记，镇各部门包带干部。

28日　区委书记刘襄渝深入三江新区调研赤化镇赤化至剑阁108国道改线等重点工程，区委常委、区委办主任李映文，副区长辛俊，区交通运输局、区经济科技和信息化局、区征拆办和赤化镇主要领导陪同。

11月份

4日　四川省关工委执行主任、原省长张中伟一行，在市关工委执行主任翟定富、利州区委书记刘襄渝以及赤化镇相关领导的陪同下，调研赤化镇关心下一代工作。

5日　区人大常委会党组副书记侯晓林到赤化镇调研精准扶贫工作，赤化镇主要领导及相关人员陪同。

9日　市委副书记、市长王菲带领我市省、市党代表80余人到赤化镇泥窝社区视察调研农村党建、精准扶贫和农村产权改革工作。

10日　绵阳市涪城区残联带领部分肢残协会成员、乡镇残联工作人员到赤化镇考察学习残疾人工作。区残联理事长李树琪、镇分管副镇长张燕以及相关人员陪同。

12日　一是省社科院、省农业厅领导到赤化镇调研全面深化农村改革工作。区委农工委主任母文德、区农业局局长杨洪文和赤化镇相关人员陪同。二是广元市委党校第七、八期培训班学员到赤化镇泥窝社区参观新型农村社区建设和七权改革工作。

16日　一是赤化镇召开镇第十四届人民代表大会第七次会议。二是赤化镇在泥窝社区举行了农村集体经济组织成员资格证颁证仪式，镇相关领导、村组干部及村民代表110余人参加。

17日　一是江苏省金湖县纪委常委一行到赤化镇考察基层农村党风廉政建设，市纪委、区纪委、镇纪委相关领导陪同。二是区委常委、区委办主任李映文到金力建材调研迁址事宜。三是区政法委副书记王永林到赤化镇调研综治维稳工作。

18日　一是日本地球环境战略研究机关（IGES）事务局长冢本直也、主任研究员高桥健太郎到赤化镇调研低碳发展工作。清华大学核能与新能源技术研究院老师陈熹、广元市低碳发展局副局长周勇、广元市发展改革委低碳科科长谢海茵及赤化镇主要领导陪同。二是国家统计局市调查队赵玉琼、宋强及利州区统计局杨博一行深入基层走乡入户，到赤化镇调研指导农村旅游产业发展现状。三是市、区政法委相关领导到赤化镇落实省政法委领导调研赤化镇乡镇综治维稳工作。

20日　赤化镇召开专题会议，就居民健康卡数据采集工作进行安排部署。镇机关全体干部职工、各村（社区）三职干部、辖区各单位负责人等相关人员参加会议。

24日　一是省国土资源厅土地整理中心科长何跃一行到赤化

镇调研"6·28"洪涝灾害受损情况，广元市国土资源局利州分局局长樊恩来、赤化镇主要领导陪同。二是广元经济技术开发区党工委委员、管委会副主任张泽带队一行约40人到赤化镇泥窝社区，就幸福美丽新村建设及乡村旅游发展内容进行参观考察。副区长李兴鸿、区委农工委、区旅游局、赤化镇负责人陪同。

25日　昭化区、朝阳乡参观考察团一行40余人赴赤化镇，就赤化镇农村新型社区、土地承包经营权确权登记颁证工作进行了考察。

26日　一是省环境保护厅副巡视员张金汉一行到赤化镇考核验收省级生态区工作，市环境保护局局长冯治勤、区人民政府副区长向坤道及赤化镇主要领导陪同。二是市旅游发展委员会副主任郑娟一行到赤化镇泥窝社区检查指导竹子溪湿地公园创国家级3A景区工作。

27日　赤化镇党委召开中心组理论学习（扩大）会议，认真学习《中国共产党第十八届中央委员会第五次全体会议公报》《中国共产党四川省第十届委员会第七次全体会议公报》。

30日　赤化镇迎接市级安全社区建设现场评定会会议，市、区安监局领导及专家组一行参加评定会议。

12月份

1日　赤化镇召开小农水项目建设推进会议。

2日　区纪委副书记周玉元带领的"廉洁细胞"考核组对赤

化镇"廉洁村庄"示范单位建设进行了检查验收。

5日 区委书记刘襄渝一行到赤化镇调研国道108赤化至剑阁段改线工程建设情况,副区长向坤道参加调研。

8日 一是市委常委、纪委书记范继跃深入108国道赤化至剑阁段改线工程建设工地调研,区委副书记张勋图,区委常委、纪委书记陈内召及赤化镇党政主要领导陪同。二是省政府妇儿工委办调研员常晓红一行赴赤化镇督导两纲工作,市妇联副主席蒋琳、区政府副区长刘素英,区政府妇儿工委副主任、区妇联主席王晓莉及赤化镇主要领导陪同。三是利州区老促会第七次会(站)长会和四届四次会议在赤化镇召开,参会人员40余人。

9日 一是赤化镇召开党的十八届五中全会和省委十届七次全会精神宣讲大会。二是赤化镇召开市级安全社区明白人培训会议。三是赤化镇召开消防安全知识培训会。

10日 市督查组到赤化镇开展干部驻村帮扶工作督查。

11日 辽宁省参事初立生一行到赤化镇,就幸福美丽新村建设及农村留守儿童工作开展等情况进行调研。

14日 第一届中国农村小规模学校联盟会成员到赤化镇石羊小学参观,区委常委、宣传部部长冀健华,副区长刘素英,赤化镇主要领导及石羊小学校长王明宏等相关人员陪同。

15日 赤化镇人大主席团组织区、镇两级人大代表开展视察活动,主要视察了高山村精准扶贫及其基础设施建设、国道108

赤化至剑阁段改线工程、泥窝社区建设等工作开展情况。在各视察点，各分管领导分别就所涉及相关情况作汇报。

16日 一是省旅游局副巡视员谢海银一行到赤化镇调研旅游工作，市旅发委主任彭仕扬、赤化镇主要领导及相关负责人陪同。二是区委常委鄢宇到赤化镇调研，赤化镇党委书记王思才陪同。

17日 一是赤化镇立即组织召开会议，迅速贯彻落实会议精神。镇联系村（社区）组长、各村（社区）三职干部、贫困村第一书记、镇机关各办站所负责人参加会议。二是区整治办到赤化镇交管办督导冬季道路交通安全管理工作。

21日 赤化镇召开党的群团工作联席会议，专题研究群团工作。镇党委班子成员、四大员、群团各部门负责人参加会议。

24日 赤化镇镇长王兵组织108国道改线工程施工单位1、2标段施工负责人召开重点工程推进会议，研究重点工程的推进、交通、安全、稳定等问题。

25日 川北幼儿师范高等专科学校老师带领100余名同学到赤化镇进行采风学习。赤化镇副镇长雷均忠陪同。

29日 赤化镇召开2015年第四次安委会扩大会议。

2016年

1月13日 区长唐文辉到赤化镇调研交通建设。

1月14日　区第二目标考核组到赤化镇考评2015年度综合目标工作。

1月21日　资阳市农业局副局长韦方俊一行到赤化镇考察省级示范农业主题公园。

3月2日　区委常委殷扶炯组织召开赤化镇统筹城乡综合示范区项目推进会。

3月4日　昭化区四大班子参观考察竹子溪湿地公园。

3月10日　市委统战部带领联系村参观泥窝社区。

3月14日　利州区工商界政协委员、女企业家"巾帼携手、成就梦想"联谊活动在赤化镇泥窝社区开展。

3月19日　省旅发大会利州区旅游惠民年启动仪式在赤化镇举行。

5月18日　文化部公共文化司权益保障处处长关红霞到赤化镇调研。

5月25日　富顺县四大班子参观泥窝社区。

5月28日　区建设局局长及区委书记刘襄渝调研清江工业园区。

6月3日　攀枝花市财政局到泥窝社区参观学习。

6月24日　CCTV专访赤化镇城乡环境综合治理。

7月1日　亚非拉国家司处级官员研修班调研泥窝社区。

7月5日　向坤道副区长调研国道108改线工程。

7月12日　区民政局督查建卡贫困户地保政策兜底工作。

7月15日　市体育局到赤化镇检查验收全民健身广场建设情况。

7月16日　亚洲国家城乡协调发展与减贫官员研修班到赤化镇参观考察。

7月18日　区委书记刘襄渝检查防汛工作。

8月23日　副区长杜建调研清江石羊工业园区。

9月20日　区委书记刘襄渝调研国道108改线工程。

9月22日　区农业局领导检查秸杆机械化还田工作。

9月29日　区人大副主任郑启洪调研张公村脱贫攻坚工作。

9月29日　广元市利州区军民融合产业园区基础设施建设PPP项目开工仪式在赤化镇清江石羊工业园区举行。

10月9日　市纪委老干部重阳节到泥窝社区。

10月10日　区国税局领导到张公村开展精准扶贫工作。

10月18日　区委常委、副主任郑启洪调研张公村脱贫攻坚工作。

11月3日　第三次全国农业普查工作督查组到赤化镇督查农业普查工作。

11月5日　台湾专家参观泥窝社区。

11月17日　广元市国家调查队视察赤化镇住户调查工作。

11月22日　广元市利州区微型学校发展联盟课题研究阶段

性工作总结会在赤化镇石羊小学召开。

11 月 27 日　区长唐文辉调研赤化镇 PPP 项目。

12 月 12 日　利州区"聚力脱贫攻坚建设幸福家园"巡回宣讲活动走进赤化。

12 月 30 日　广元市 2016 年四季度第二批重大项目集中开工仪式利州区分会场在赤化镇清江石羊工业园区举行。

2017 年

6 月 25 日　广元利州区"康养惠民年"系列文化活动之"声动利州"暨"红色记忆·活力赤化"文艺晚会在赤化镇举行。

7 月 27 日　赤化镇人大主席团按照年初工作安排，组织部分镇人大代表视察了全镇环境卫生治理工作。

2018 年

1 月　一是赤化镇泥窝村被评为为"省级四好村"。二是赤化镇成功创建"2018 年省级卫生乡镇"，颁奖单位是四川省爱国卫生运动委员会。三是赤化镇受到省发改委、省卫计委的表扬。

4月 一是赤化镇被广元市政府表彰为2016~2017年道路交通安全综合治理工作先进集体。二是广元市2018年一季度重大项目集中开工仪式利州区分会场设于赤化镇。三是《紧抓有效投资、推进项目落地见效》在《四川新闻联播》中播出。四是《如何克服征兵工作中突出矛盾讨论交流》上广元军分区图片新闻。五是省文化厅"乡村文化振兴"调研组在赤化镇召开座谈会。六是中央厨房5万平方米厂房开工。

5月 《广元利州：找症结，为基层把脉问珍》上四川电视台《四川新闻》，其中有赤化镇的好做法。

6月 一是广元市委作出关于表彰全市优秀共产党员、优秀党务工作者和先进基层党组织的决定（广委发〔2018〕29号），赤化镇一批基层党组织和党员受到表彰。二是中国老区建设促进会关于表彰2018年度全国老区宣传工作先进单位及个人的通报，赤化镇名列其中。三是人民网论坛视频开展"大学习、大讨论、大调研"活动，其中有赤化镇的经验介绍。

7月 市委市政府全市2018年二季度项目投资"大比武"流动现场会在赤化镇白田坝社区举行。

9月 一是赤化镇被评"四川省百镇建设试点镇"。二是《乡村好声音 传递正能量》上《人民日报》。三是省人力资源社会保障厅乡镇人社服务所工作会在赤化镇召开。四是广元市利州区农村集体产权制度改革工作迎省级评估调研工作会议在赤化召开。

10月　四川省司法行政系统法治文化和廉政文化建设现场会在白田坝社区举行。

12月　一是中共四川省委宣传部作出关于命名四川省2018年"文化扶贫示范村"的决定，赤化镇张公村榜上有名。二是赤化镇冯家村被评为"省级四好村"。

2019 年

6月28日　国道108线广元市利州区宝轮镇至赤化镇段大中修工程经过前期招标，施工单位、监理单位已进场做施工前期准备工作，即将启动现场施工作业。

7月28日　利州区公路G108线k1910+150～500处（赤化镇石羊大桥南侧）左侧道路因强降雨导致山洪冲积树枝、淤泥等杂物堵塞路面泄水孔滤栅，严重积水，导致左侧车辆无法通行。经过各方面力量抢修，及时恢复了通车。

12月31日　在乡镇行政区划调整中，赤化镇合并到宝轮镇。

《美丽赤化》的叙事特色

杨浚荣

　　"故人具鸡黍，邀我至田家。绿树村边合，青山郭外斜……"唐朝诗人孟浩然的《过故人庄》，总会唤起中国人心中对乡村、乡愁的无限情感。乡野也成了中国古典美学中的最大审美空间。

　　有关学者认为，景、物、人、市、路，是中国乡村文化的五大元素。我以为也是乡村题材写作的五大要素，更是当下美丽乡村建设的重点所在，缺一不可。作家马晓蓉的长篇非虚构作品《美丽赤化》，正是一部紧密围绕新时代乡村建设、着力书写红色经典历史、深度展示老百姓迈开大步奔小康的"赤化故事"。

　　第一个方面是景。景，是乡村的整个自然生态、人文环境和社会生活环境，是体现天、地、人相互关系的一种先天环境。它使每个村子具有了某种特殊的"场"与能量，让整个乡村具有一种空间上的完整性与时间上的持续性。景是让乡村能够成为乡村，区别于城市的风貌及具体环境特征。可分为几个层次，如山水景观、田园景观、村落景观、庭院景观等。

在马晓蓉的笔下，记录了很多赤化镇的历史景点，并尽力梳理、记录了它们的历史。比如，赤化镇的历史可以上溯到古蜀开明王朝时期："溯清江河口向西 8.6 公里，白田坝沿清江河向东 2.6 公里，南岸陡崖中断，出现一块面积约百亩的缓坦谷地，谷地横卧在三面环抱的陡崖陡坡内，俯视着滔滔东流的清江河，像一只柄朝南、头朝北，前缘中缺见底的葫芦瓢从群山中探头而出，欲舀江水，这就是清江河下的谷中谷——司马口，又名罗家沟口。司马口的得名，来自公元前 316 年秦灭蜀，司马错领兵伐蜀屯兵于此的历史事件……"开明王朝的苴国就位于昭化古城，据常璩《华阳国志·巴志》记载，公元前 1066 年周武王率南方八小国伐纣，成功之后，苴国侯（苴，蜀地读音为 cha，位于今四川广元一带，当地乡村至今也是作 cha 的读音。苴国郡设于老昭化，史称葭萌关），用当地所产的桑、蚕、丹、漆、茶等上贡周武王，这是迄今为止以茶叶作为贡品最早的汉语记载。

马晓蓉着力"寻根"，为赤化镇勾勒出一幅详细的历史景物"指掌图"，可谓功莫大焉。而一个有根的村镇，才是一个可以扎根现实、放眼未来的村镇。

第二个方面是物。物具有鲜明的人工痕迹，也体现了一个时期的物质文明与精神文明特征，反映了一个区域的生产生活水平。赤化镇历史悠久，交通便利，这里的很多器物具有鲜明的本土特征。在《美丽赤化》里，作家书写了很多器物故事，比如古井、古树、生活生产工具等等，它们的产生与使用，不但体现了金、木、水、火、土相生相克之间所产生出来的各种东西，也体现了赤化镇民众的生活智慧。

第三个方面就是人。人是乡村当中最鲜活的存在。他们是体现乡村价值的最有生命、灵魂的存在。他们是有故事的许多个体构成的，一个老人、一个非遗传承人、一个种植能手、一位驻村第一书记，往往是乡村文化、新时代理念最忠实的掌握者与传播者。通过马晓蓉的采访，读者可以发现许多你无法用眼睛看到的乡村故事。他们是能够体现乡村精神、信仰、道德的典型人物，这些人的魅力就是赤化镇的精神魅力。

第四方面就是市。市既是指生产劳动、活动的聚会场所，也是赤化新农村建设的及时反映。比如在 2018 年，为深入推进廉政教育和提升文化建设，不断加强党风廉政建设宣传教育力度，赤化镇融合当地特有文化，建成利州首个乡镇廉洁文化广场，巧妙地将廉政文化元素植入其中，寓情于景，寓教于景，使广大群众在休闲、健身的同时，接受廉政教育的熏陶。只有去体验当地的生产生活过程，就可以最深切地感受到，赤化镇世风优良、工业农业比翼齐飞的生机。

第五是路的意义。路是连接景、物、人、事的动词，也是乡村连接世界的血脉。每一条历史之路与现实之路相交汇，构成了时代的重叠与生化。《美丽赤化》写道："赤化镇的交通四通八达。108 国道线盘绕清江河，畅达三省。一路向西，15 分钟抵达剑门关。一路向东，三五分钟便到宝轮镇，跨过一座大桥，一溜烟就进市区。宝成复线、西成高铁、京昆高速穿山过洞，畅游于赤化的山脊之中。交通的发达，落户赤化镇的企业也越来越多。仅年产值上亿的企业就有两家，年产值上千万的中型企业有 12 家，各种种养殖企业户数更是多得难以计算。"不仅如此，马晓蓉还着力书写了很多筑路的动人故事。

《美丽赤化》是为建党 100 周年而精心创作的献礼作品，字里行间深刻反映了各级干部、村民秉承红色传承奔小康的鲜明主题。著名作家蒋蓝在阅读《美丽赤化》后认为，"非虚构写作大于、高于新闻特写、纪实写作的最大特点，在于它强调的是以在场的方式呈现历史往事、现实真相！并将写作者的思想、情感、观点等等隐藏于描述的细节当中。而凸显大众的真实生活与情感，又成为非虚构写作的价值向度。所以说，非虚构写作就是典型的大地写作。这也是书写乡村最为接地气的文学方式。马晓蓉努力向山河与民众求知，记录乡村的时代巨变，值得称赞。"

四川乡村具有中国地理最大的海拔落差，拥有复杂的地貌与丰富的独特文化底蕴。在这片神奇的巴山蜀水中，深度记录、书写新时代乡村的演变史，无疑是本土作家应该具备的情怀。在此祝贺《美丽赤化》的出版。

2021 年 3 月 5 日

作者简介：中国作家协会会员，中国散文学会会员，广元市散文学会会长